W0090042

Das Superbuch der technischen Wunderwerke

Bilder von Stephen Biesty

Text von Richard Platt

Gerstenberg Verlag

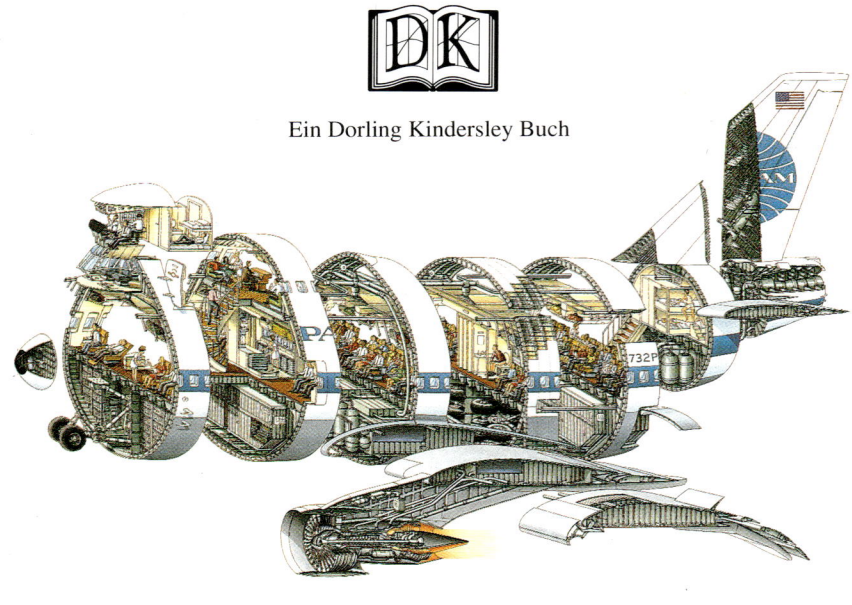

DK

Ein Dorling Kindersley Buch

Die Deutsche Bibliothek – CIP-Einheitsaufnahme

Das Superbuch der technischen Wunderwerke / Bilder von Stephen Biesty.
Text von Richard Platt [Aus dem Engl. übers. von Miriam Magall]. –
4. Auflage Hildesheim: Gerstenberg, 1994
Einheitssacht.: Stephen Biesty's incredible cross sections ‹dt.›
ISBN 3-8067-4670-2
NE: Biesty, Stephen; Platt, Richard; EST

1. Auflage 1992
2. Auflage 1993
3. Auflage 1993
4. Auflage 1994
Originaltitel: Stephen Biesty's Incredible Cross-sections
Copyright © 1992 Dorling Kindersley Ltd., London
Lektorat: Ann Kramer, John C. Miles
Grafische Gestaltung: Roger Priddy, Richard Czapnik
Herstellung: Marguerite Fenn
Aus dem Englischen übersetzt von Miriam Magall
Deutsche Ausgabe Copyright © 1992 Gerstenberg Verlag, Hildesheim
Alle Rechte der Vervielfältigung und Verbreitung einschließlich Film,
Funk und Fernsehen sowie der Fotokopie, Mikrokopie und der Verarbeitung
mit Hilfe von EDV-Anlagen vorbehalten. Auch auszugsweise
Vervielfältigungen außerhalb der engen Grenzen des Urheberrechts-
und Verlagsgesetzes bedürfen der schriftlichen
Zustimmung des Verlages.
Satz: Gerstenberg Druck GmbH
Printed in Italy
ISBN 3-8067-4670-2

Inhalt

Die Burg

Im 14. Jh. besaßen viele Burgen dicke Außenmauern, die einen freien Platz in der Mitte umgaben.

Vor vielen hundert Jahren war das Leben in Europa gefährlich, und Kriege waren an der Tagesordnung. Deshalb bauten die Mächtigen sich Burgen – befestigte Häuser, die ihnen vor ihren Feinden Schutz boten und von denen aus sie diese ihrerseits angreifen konnten. Herr einer Burg war im allgemeinen ein Ritter oder Adliger. Der König gab dem Herrn Land, dieser mußte dafür Soldaten für dessen Kriege stellen. Leibeigene Bauern bestellten das Land des Burgherrn. Mit ihrer Arbeit verdienten sie genug, um zu leben, und in Kriegszeiten beschützte der Burgherr sie mit seinen Soldaten. Die Gesellschaft innerhalb der Burgmauern war ein genaues Abbild der Welt draußen. Der Adlige und seine Beamten verwalteten die Burg und die umliegenden Ländereien. Den Beamten unterstanden Priester, hochrangige Bedienstete und Soldaten. Auf der untersten Sprosse der Burggesellschaft befanden sich einfache Arbeiter wie die Tagelöhner und der Latrinenreiniger rechts unten.

TÖDLICHES FEUER
Die Bogenschützen konnten ihre Pfeile ungehindert durch die schmalen Schießscharten in der Burgmauer abschießen, die sie selbst vor heranfliegenden Pfeilen schützten. Von der Auskragung oben auf der Mauer warfen die Verteidiger Steine auf die Angreifer, um sie am Erklimmen der Mauern zu hindern.

ZUGANG NUR DURCHS TORHAUS!
Die Burg konnte nur duch das Burgtor betreten werden, den schwächsten Teil der Burgmauer. Die Verteidiger auf den Mauern beschossen jeden Angreifer, der zu nahe herankam, mit Pfeilen oder überschütteten ihn mit kochendem Wasser. Außerdem konnten die Verteidiger ein riesiges Fallgitter herablassen, so daß die Angreifer in einer Falle saßen.

EINNAHME EINER BURG
Eine Burg einzunehmen war mühsam. Die Angreifer mußten dazu entweder einen Tunnel unter den Mauern graben, die Burgbewohner mit einem Trick überlisten oder sie so lange belagern, bis sie verhungerten. Bis vor rund 350 Jahren boten Burgen guten Schutz, dann kam das Schießpulver in Gebrauch, mit dem ein angreifendes Heer mühelos ein Loch auch in die stärkste Burgmauer sprengen konnte.

RINGSUM WASSER
Rings um die Burg verlief ein wassergefüllter Graben, der sogenannte Ring- oder Burggraben. Für Angreifer stellte der Burggraben ein großes Hindernis dar; er verhinderte auch, daß Tunnel unter den Mauern hindurch gegraben wurden. Zum Burgtor gelangte man über eine Zugbrücke, die sich in Sekundenschnelle emporziehen ließ.

SCHMACHTEN IM VERLIES
Gefangene wurden in eine unterirdische Zelle, das sogenannte Verlies, geworfen. Eine noch schärfere Form der Bestrafung war die Fallgrube, die für die verhaßtesten Gefangenen bestimmt war. Sie wurden hineingeworfen – und dann einfach vergessen!

Die Burgbewohner

Latrinenreiniger   *Priester*   *Adelsfamilie*   *Hofnarr*   *Ritter*

Unterkunft des Befehlshabers

Ziegeldach

Burgwache

Vorratsspeicher

Fallgitter

Zugbrücke

WACHE SCHIEBEN
In diesem Raum war die Torwache untergebracht. Die Männer nahmen hier ihre Mahlzeiten ein und wärmten sich an einem Becken mit glühender Holzkohle.

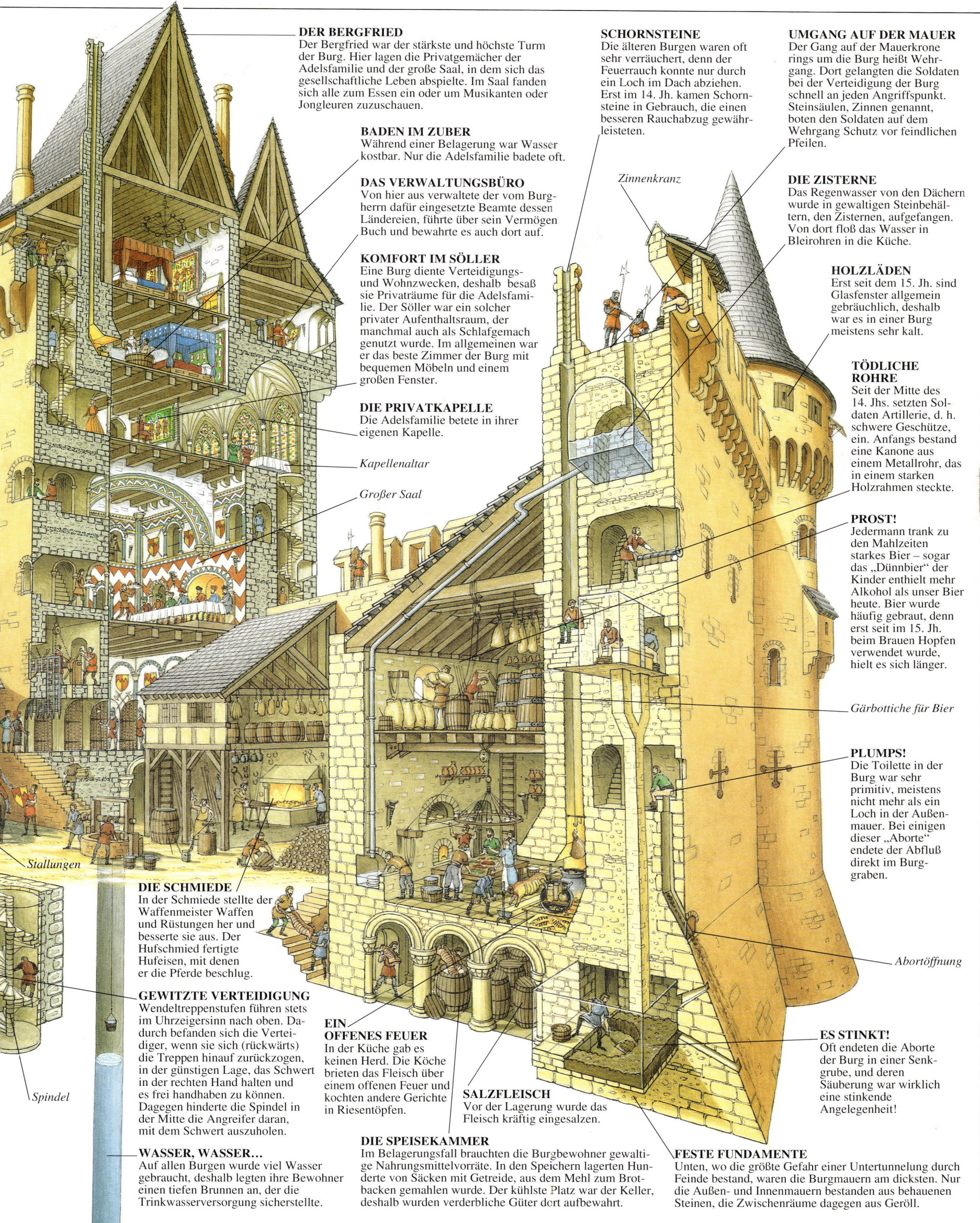

DER BERGFRIED
Der Bergfried war der stärkste und höchste Turm der Burg. Hier lagen die Privatgemächer der Adelsfamilie und der große Saal, in dem sich das gesellschaftliche Leben abspielte. Im Saal fanden sich alle zum Essen ein oder um Musikanten oder Jongleuren zuzuschauen.

BADEN IM ZUBER
Während einer Belagerung war Wasser kostbar. Nur die Adelsfamilie badete oft.

DAS VERWALTUNGSBÜRO
Von hier aus verwaltete der vom Burgherrn dafür eingesetzte Beamte dessen Ländereien, führte über sein Vermögen Buch und bewahrte es auch dort auf.

KOMFORT IM SÖLLER
Eine Burg diente Verteidigungs- und Wohnzwecken, deshalb besaß sie Privaträume für die Adelsfami- lie. Der Söller war ein solcher privater Aufenthaltsraum, der manchmal auch als Schlafgemach genutzt wurde. Im allgemeinen war er das beste Zimmer der Burg mit bequemen Möbeln und einem großen Fenster.

DIE PRIVATKAPELLE
Die Adelsfamilie betete in ihrer eigenen Kapelle.

Kapellenaltar

Großer Saal

SCHORNSTEINE
Die älteren Burgen waren oft sehr verräuchert, denn der Feuerrauch konnte nur durch ein Loch im Dach abziehen. Erst im 14. Jh. kamen Schorn- steine in Gebrauch, die einen besseren Rauchabzug gewähr- leisteten.

Zinnenkranz

UMGANG AUF DER MAUER
Der Gang auf der Mauerkrone rings um die Burg heißt Wehr- gang. Dort gelangten die Soldaten bei der Verteidigung der Burg schnell an jeden Angriffspunkt. Steinsäulen, Zinnen genannt, boten den Soldaten auf dem Wehrgang Schutz vor feindlichen Pfeilen.

DIE ZISTERNE
Das Regenwasser von den Dächern wurde in gewaltigen Steinbehäl- tern, den Zisternen, aufgefangen. Von dort floß das Wasser in Bleirohren in die Küche.

HOLZLÄDEN
Erst seit dem 15. Jh. sind Glasfenster allgemein gebräuchlich, deshalb war es in einer Burg meistens sehr kalt.

TÖDLICHE ROHRE
Seit der Mitte des 14. Jhs. setzten Sol- daten Artillerie, d. h. schwere Geschütze, ein. Anfangs bestand eine Kanone aus einem Metallrohr, das in einem starken Holzrahmen steckte.

PROST!
Jedermann trank zu den Mahlzeiten starkes Bier – sogar das „Dünnbier" der Kinder enthielt mehr Alkohol als unser Bier heute. Bier wurde häufig gebraut, denn erst seit im 15. Jh. beim Brauen Hopfen verwendet wurde, hielt es sich länger.

Gärbottiche für Bier

PLUMPS!
Die Toilette in der Burg war sehr primitiv, meistens nicht mehr als ein Loch in der Außen- mauer. Bei einigen dieser „Aborte" endete der Abfluß direkt im Burg- graben.

Abortöffnung

Stallungen

DIE SCHMIEDE
In der Schmiede stellte der Waffenmeister Waffen und Rüstungen her und besserte sie aus. Der Hufschmied fertigte Hufeisen, mit denen er die Pferde beschlug.

GEWITZTE VERTEIDIGUNG
Wendeltreppenstufen führen stets im Uhrzeigersinn nach oben. Da- durch befanden sich die Verteidi- diger, wenn sie sich (rückwärts) die Treppen hinauf zurückzogen, in der günstigen Lage, das Schwert in der rechten Hand halten und es frei handhaben zu können. Dagegen hinderte die Spindel in der Mitte die Angreifer daran, mit dem Schwert auszuholen.

WASSER, WASSER...
Auf allen Burgen wurde viel Wasser gebraucht, deshalb legten ihre Bewohner einen tiefen Brunnen an, der die Trinkwasserversorgung sicherstellte.

Spindel

EIN OFFENES FEUER
In der Küche gab es keinen Herd. Die Köche brieten das Fleisch über einem offenen Feuer und kochten andere Gerichte in Riesentöpfen.

SALZFLEISCH
Vor der Lagerung wurde das Fleisch kräftig eingesalzen.

DIE SPEISEKAMMER
Im Belagerungsfall brauchten die Burgbewohner gewalti- ge Nahrungsmittelvorräte. In den Speichern lagerten Hun- derte von Säcken mit Getreide, aus dem Mehl zum Brot- backen gemahlen wurde. Der kühlste Platz war der Keller, deshalb wurden verderbliche Güter dort aufbewahrt.

FESTE FUNDAMENTE
Unten, wo die größte Gefahr einer Untertunnelung durch Feinde bestand, waren die Burgmauern am dicksten. Nur die Außen- und Innenmauern bestanden aus behauenen Steinen, die Zwischenräume dagegen aus Geröll.

ES STINKT!
Oft endeten die Aborte der Burg in einer Senk- grube, und deren Säuberung war wirklich eine stinkende Angelegenheit!

Die Sternwarte

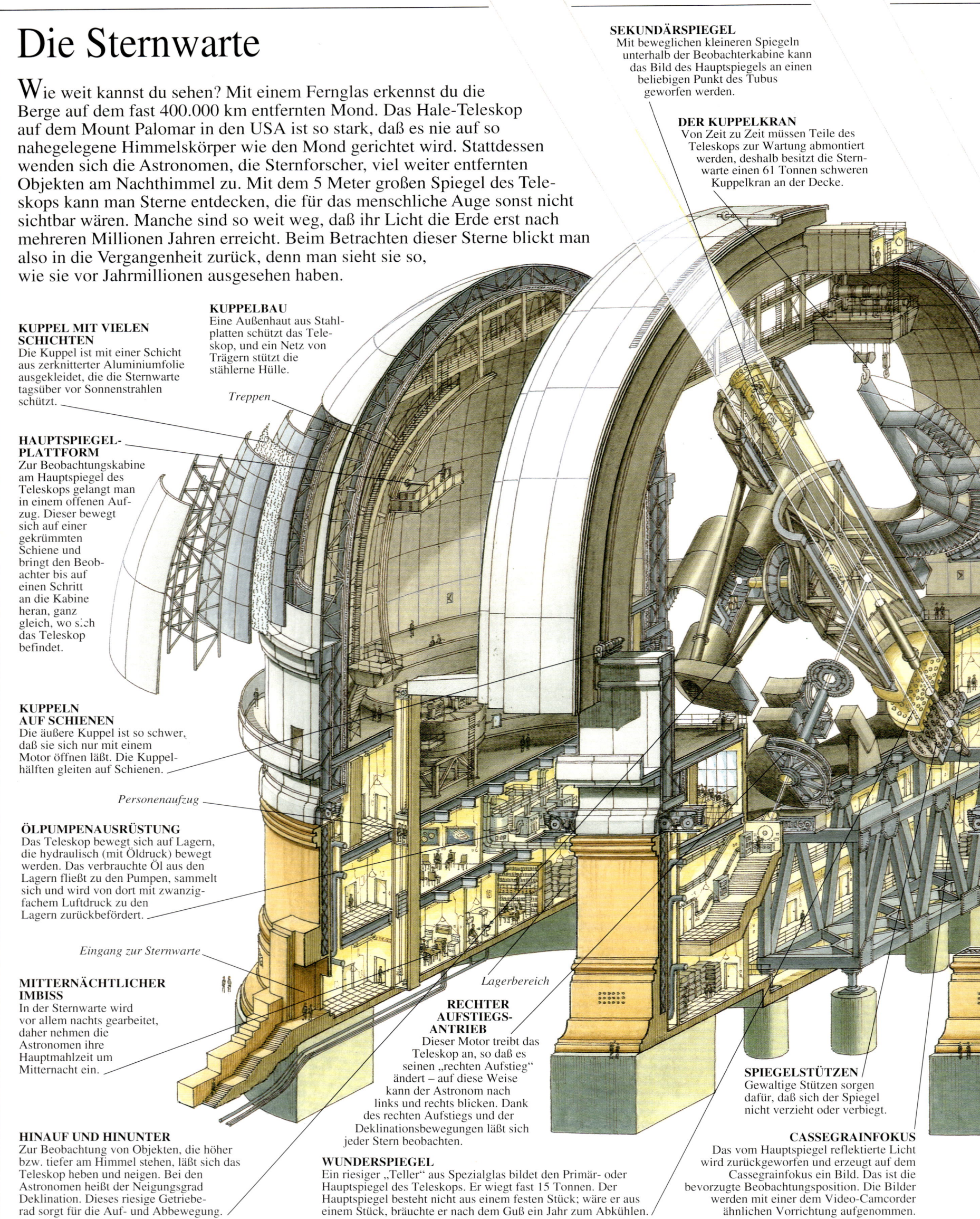

Wie weit kannst du sehen? Mit einem Fernglas erkennst du die Berge auf dem fast 400.000 km entfernten Mond. Das Hale-Teleskop auf dem Mount Palomar in den USA ist so stark, daß es nie auf so nahegelegene Himmelskörper wie den Mond gerichtet wird. Stattdessen wenden sich die Astronomen, die Sternforscher, viel weiter entfernten Objekten am Nachthimmel zu. Mit dem 5 Meter großen Spiegel des Teleskops kann man Sterne entdecken, die für das menschliche Auge sonst nicht sichtbar wären. Manche sind so weit weg, daß ihr Licht die Erde erst nach mehreren Millionen Jahren erreicht. Beim Betrachten dieser Sterne blickt man also in die Vergangenheit zurück, denn man sieht sie so, wie sie vor Jahrmillionen ausgesehen haben.

SEKUNDÄRSPIEGEL
Mit beweglichen kleineren Spiegeln unterhalb der Beobachterkabine kann das Bild des Hauptspiegels an einen beliebigen Punkt des Tubus geworfen werden.

DER KUPPELKRAN
Von Zeit zu Zeit müssen Teile des Teleskops zur Wartung abmontiert werden, deshalb besitzt die Sternwarte einen 61 Tonnen schweren Kuppelkran an der Decke.

KUPPELBAU
Eine Außenhaut aus Stahlplatten schützt das Teleskop, und ein Netz von Trägern stützt die stählerne Hülle.

Treppen

KUPPEL MIT VIELEN SCHICHTEN
Die Kuppel ist mit einer Schicht aus zerknitterter Aluminiumfolie ausgekleidet, die die Sternwarte tagsüber vor Sonnenstrahlen schützt.

HAUPTSPIEGEL-PLATTFORM
Zur Beobachtungskabine am Hauptspiegel des Teleskops gelangt man in einem offenen Aufzug. Dieser bewegt sich auf einer gekrümmten Schiene und bringt den Beobachter bis auf einen Schritt an die Kabine heran, ganz gleich, wo sich das Teleskop befindet.

KUPPELN AUF SCHIENEN
Die äußere Kuppel ist so schwer, daß sie sich nur mit einem Motor öffnen läßt. Die Kuppelhälften gleiten auf Schienen.

Personenaufzug

ÖLPUMPENAUSRÜSTUNG
Das Teleskop bewegt sich auf Lagern, die hydraulisch (mit Öldruck) bewegt werden. Das verbrauchte Öl aus den Lagern fließt zu den Pumpen, sammelt sich und wird von dort mit zwanzigfachem Luftdruck zu den Lagern zurückbefördert.

Eingang zur Sternwarte

Lagerbereich

MITTERNÄCHTLICHER IMBISS
In der Sternwarte wird vor allem nachts gearbeitet, daher nehmen die Astronomen ihre Hauptmahlzeit um Mitternacht ein.

RECHTER AUFSTIEGS-ANTRIEB
Dieser Motor treibt das Teleskop an, so daß es seinen „rechten Aufstieg" ändert – auf diese Weise kann der Astronom nach links und rechts blicken. Dank des rechten Aufstiegs und der Deklinationsbewegungen läßt sich jeder Stern beobachten.

SPIEGELSTÜTZEN
Gewaltige Stützen sorgen dafür, daß sich der Spiegel nicht verzieht oder verbiegt.

HINAUF UND HINUNTER
Zur Beobachtung von Objekten, die höher bzw. tiefer am Himmel stehen, läßt sich das Teleskop heben und neigen. Bei den Astronomen heißt der Neigungsgrad Deklination. Dieses riesige Getrieberad sorgt für die Auf- und Abbewegung.

WUNDERSPIEGEL
Ein riesiger „Teller" aus Spezialglas bildet den Primär- oder Hauptspiegel des Teleskops. Er wiegt fast 15 Tonnen. Der Hauptspiegel besteht nicht aus einem festen Stück; wäre er aus einem Stück, bräuchte er nach dem Guß ein Jahr zum Abkühlen.

CASSEGRAINFOKUS
Das vom Hauptspiegel reflektierte Licht wird zurückgeworfen und erzeugt auf dem Cassegrainfokus ein Bild. Das ist die bevorzugte Beobachtungsposition. Die Bilder werden mit einer dem Video-Camcorder ähnlichen Vorrichtung aufgenommen.

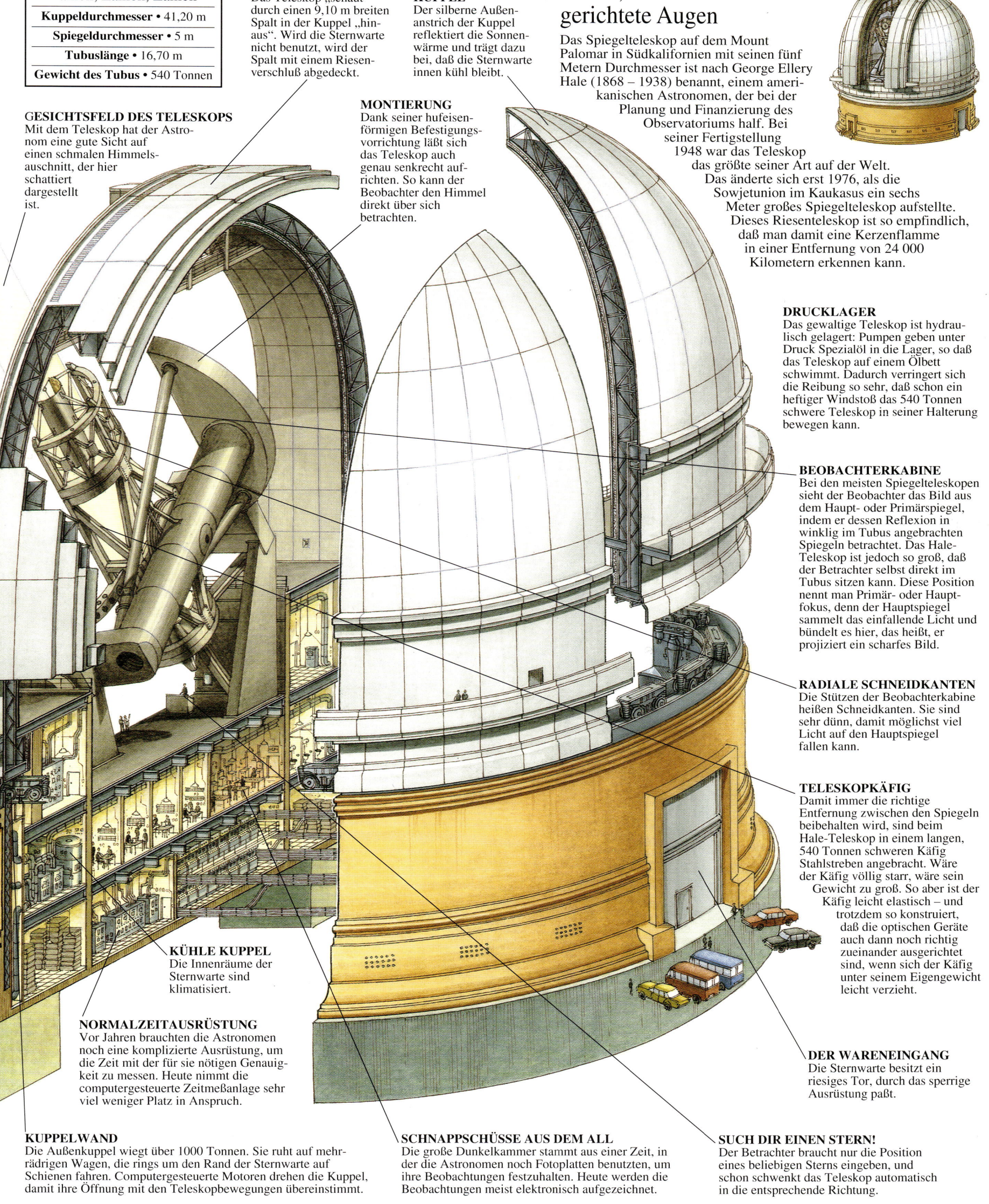

Zahlen, Zahlen, Zahlen	
Kuppeldurchmesser	41,20 m
Spiegeldurchmesser	5 m
Tubuslänge	16,70 m
Gewicht des Tubus	540 Tonnen

KUPPELÖFFNUNG
Das Teleskop „schaut" durch einen 9,10 m breiten Spalt in der Kuppel „hinaus". Wird die Sternwarte nicht benutzt, wird der Spalt mit einem Riesenverschluß abgedeckt.

GLÄNZENDE KUPPEL
Der silberne Außenanstrich der Kuppel reflektiert die Sonnenwärme und trägt dazu bei, daß die Sternwarte innen kühl bleibt.

Große, auf den Himmel gerichtete Augen

Das Spiegelteleskop auf dem Mount Palomar in Südkalifornien mit seinen fünf Metern Durchmesser ist nach George Ellery Hale (1868 – 1938) benannt, einem amerikanischen Astronomen, der bei der Planung und Finanzierung des Observatoriums half. Bei seiner Fertigstellung 1948 war das Teleskop das größte seiner Art auf der Welt. Das änderte sich erst 1976, als die Sowjetunion im Kaukasus ein sechs Meter großes Spiegelteleskop aufstellte. Dieses Riesenteleskop ist so empfindlich, daß man damit eine Kerzenflamme in einer Entfernung von 24 000 Kilometern erkennen kann.

GESICHTSFELD DES TELESKOPS
Mit dem Teleskop hat der Astronom eine gute Sicht auf einen schmalen Himmelsausschnitt, der hier schattiert dargestellt ist.

MONTIERUNG
Dank seiner hufeisenförmigen Befestigungsvorrichtung läßt sich das Teleskop auch genau senkrecht aufrichten. So kann der Beobachter den Himmel direkt über sich betrachten.

DRUCKLAGER
Das gewaltige Teleskop ist hydraulisch gelagert: Pumpen geben unter Druck Spezialöl in die Lager, so daß das Teleskop auf einem Ölbett schwimmt. Dadurch verringert sich die Reibung so sehr, daß schon ein heftiger Windstoß das 540 Tonnen schwere Teleskop in seiner Halterung bewegen kann.

BEOBACHTERKABINE
Bei den meisten Spiegelteleskopen sieht der Beobachter das Bild aus dem Haupt- oder Primärspiegel, indem er dessen Reflexion in winklig im Tubus angebrachten Spiegeln betrachtet. Das Hale-Teleskop ist jedoch so groß, daß der Betrachter selbst direkt im Tubus sitzen kann. Diese Position nennt man Primär- oder Hauptfokus, denn der Hauptspiegel sammelt das einfallende Licht und bündelt es hier, das heißt, er projiziert ein scharfes Bild.

RADIALE SCHNEIDKANTEN
Die Stützen der Beobachterkabine heißen Schneidkanten. Sie sind sehr dünn, damit möglichst viel Licht auf den Hauptspiegel fallen kann.

TELESKOPKÄFIG
Damit immer die richtige Entfernung zwischen den Spiegeln beibehalten wird, sind beim Hale-Teleskop in einem langen, 540 Tonnen schweren Käfig Stahlstreben angebracht. Wäre der Käfig völlig starr, wäre sein Gewicht zu groß. So aber ist der Käfig leicht elastisch – und trotzdem so konstruiert, daß die optischen Geräte auch dann noch richtig zueinander ausgerichtet sind, wenn sich der Käfig unter seinem Eigengewicht leicht verzieht.

KÜHLE KUPPEL
Die Innenräume der Sternwarte sind klimatisiert.

NORMALZEITAUSRÜSTUNG
Vor Jahren brauchten die Astronomen noch eine komplizierte Ausrüstung, um die Zeit mit der für sie nötigen Genauigkeit zu messen. Heute nimmt die computergesteuerte Zeitmeßanlage sehr viel weniger Platz in Anspruch.

DER WARENEINGANG
Die Sternwarte besitzt ein riesiges Tor, durch das sperrige Ausrüstung paßt.

KUPPELWAND
Die Außenkuppel wiegt über 1000 Tonnen. Sie ruht auf mehrrädrigen Wagen, die rings um den Rand der Sternwarte auf Schienen fahren. Computergesteuerte Motoren drehen die Kuppel, damit ihre Öffnung mit den Teleskopbewegungen übereinstimmt.

SCHNAPPSCHÜSSE AUS DEM ALL
Die große Dunkelkammer stammt aus einer Zeit, in der die Astronomen noch Fotoplatten benutzten, um ihre Beobachtungen festzuhalten. Heute werden die Beobachtungen meist elektronisch aufgezeichnet.

SUCH DIR EINEN STERN!
Der Betrachter braucht nur die Position eines beliebigen Sterns eingeben, und schon schwenkt das Teleskop automatisch in die entsprechende Richtung.

Die Galeone

Im 16. Jh. stachen große Schiffe regelmäßig von der Karibik aus in See, um die in Amerika geraubten Reichtümer nach Spanien zu bringen. Diese Galeonen mit ihren im Wind geblähten Segeln und den knarrenden Planken wirken auf uns höchst romantisch, aber wie dachten die Seeleute damals darüber? Wer an Bord kam, bemerkte zuerst den Geruch – eine Mischung aus Teer, Abfällen und Schweiß. Da die tägliche Wasserration pro Kopf knapp einen Liter betrug, blieb zum Waschen nicht viel übrig. Auf dem Schiff war es sehr eng; niemand hatte eine Ecke für sich selbst, denn jeder Zentimeter Raum wurde für Vorräte und Ausrüstung gebraucht. In dunklen Nischen huschten riesige Ratten, und das Schiff war mit Flöhen regelrecht verseucht. Die Nahrung schmeckte abscheulich, und ein großer Teil der Mannschaft war ständig seekrank. Bei gutem Wind dauerte die Überfahrt von Spanien nach Amerika über zwei Monate. Geriet das Schiff in eine Flaute oder in schweres Wetter, konnte es auch länger dauern.

WETTEN, DASS...?
Viele Seeleute schlossen Wetten ab. Sie setzten auf Karten, Würfel und alles, was Abwechslung versprach. Das monatelange Leben an Bord war sterbenslangweilig, und die Mannschaft nutzte gern jede Gelegenheit, um die langen dienstfreien Stunden auszufüllen.

DIE DREHBASSE
Dieses kleine Geschütz trug den Spitznamen „Mörder". Es wurde gegen feindliche Seeleute eingesetzt.

SEEMANNSLIEDER
Besondere Lieder, die Shanties, erleichterten den Matrosen die Arbeit. Ihr regelmäßiger Rhythmus half ihnen zum Beispiel, gleichzeitig zuzufassen oder etwas anzuheben.

DU BIST DRAN!
Alle Mannschaftsmitglieder waren abwechselnd zur Wache eingeteilt, die jeweils acht Stunden dauerte und mit einem Stundenglas gemessen wurde. Es dauerte eine halbe Stunde, bis der Sand durch die schmale Taille dieser Glasflasche in die zweite Hälte gelaufen war.

SCHIFFSKLOSETT
Als Abort dienten der Mannschaft Sitze, die über das Deck hinausragten. Sie erhielten den spanischen Spitznamen „jardines" – nach dem französischen Wort für Garten.

LÖCHER IN DER DECKE
Durch diese Gitter, Grätings genannt, drangen Licht und Luft in die unteren Decks. Gleichzeitig ließen sie aber auch viel Wasser herein.

Reling

ANKER AUF!
Die Ankertrosse wurde um eine gewaltige Trommel, das Ankerspill, herumgeführt. Zum Ankerheben drehten die Seeleute gemeinsam das Spill.

RAMMSPORN
Diese geschnitzte Figur am Bug des Schiffes war zum Rammen feindlicher Schiffe bestimmt.

SOLDATEN AN BORD
Auf spanischen Kriegsschiffen war die Besatzung nur für die seemännischen Arbeiten zuständig, sie kämpfte nicht. Infanteriesoldaten bedienten die Geschütze und griffen den Feind an.

BLINDE PASSAGIERE
1622 töteten Seeleute auf der Fahrt von der Karibik nach Europa auf einem Schiff 4.000 Ratten. Die überlebenden Tiere fraßen den größten Teil der Proviantvorräte auf.

LAGERUNG VON LEBENSMITTELN
Zum Kochen befand sich Olivenöl in großen Krügen an Bord. Das Fleisch wurde im allgemeinen in Salzlake eingelegt oder zum Haltbarmachen an der Reling in die salzige Gischt gehängt. Im 17. Jh. schnappten auf einer Fahrt Haifische nach dem Fleisch, das über dem Wasser baumelte!

DER SCHIFFSRUMPF
Der Rumpf des Schiffes bestand ganz aus Holz. Für den Bau eines seegehenden Holzschiffes mußten Hunderte von Bäumen gefällt werden.

Zahlen, Zahlen, Zahlen	
Länge • 43 m	
Kiellänge • 30 m	
Breite • 11 m	
Gewicht • 500 Tonnen	
Bewaffnung • 24 Geschütze, die 14 kg schwere Kugeln, und 30 Geschütze, die 8 kg schwere Kugeln abfeuerten, 2 Drehbassen.	

DER KIEL
Der Kiel war das „Rückgrat" des Schiffes. Er sorgte dafür, daß es einen geraden Kurs hielt. Damit es möglichst aufrecht segelte, führte es im Laderaum Ballast mit. Steine und Kanonenkugeln waren gut als Ballast geeignet.

WASSER, ÜBERALL WASSER!
Pro Kopf gab es an Bord rund einen Liter Wasser täglich oder die doppelte Menge Bier oder Apfelwein. Jedes Schiff mußte genug Trinkwasser für die ganze Fahrt mitnehmen, denn Meerwasser ist wegen seines hohen Salzgehaltes ungenießbar.

KOCHEN UND ESSEN
Jedes Besatzungsmitglied verzehrte pro Tag höchstens 700 g Schiffszwieback und 250 g Trockenfleisch oder Fisch. Manchmal gab es auch einen Teller Bohnen oder Erbsen. Nach einer langen Reise waren die Lebensmittel meist verdorben, und in den Keksen wimmelte es von Insekten. Bei rauher See konnte nicht gekocht werden, dann aß die Besatzung Käse statt Fleisch oder Fisch.

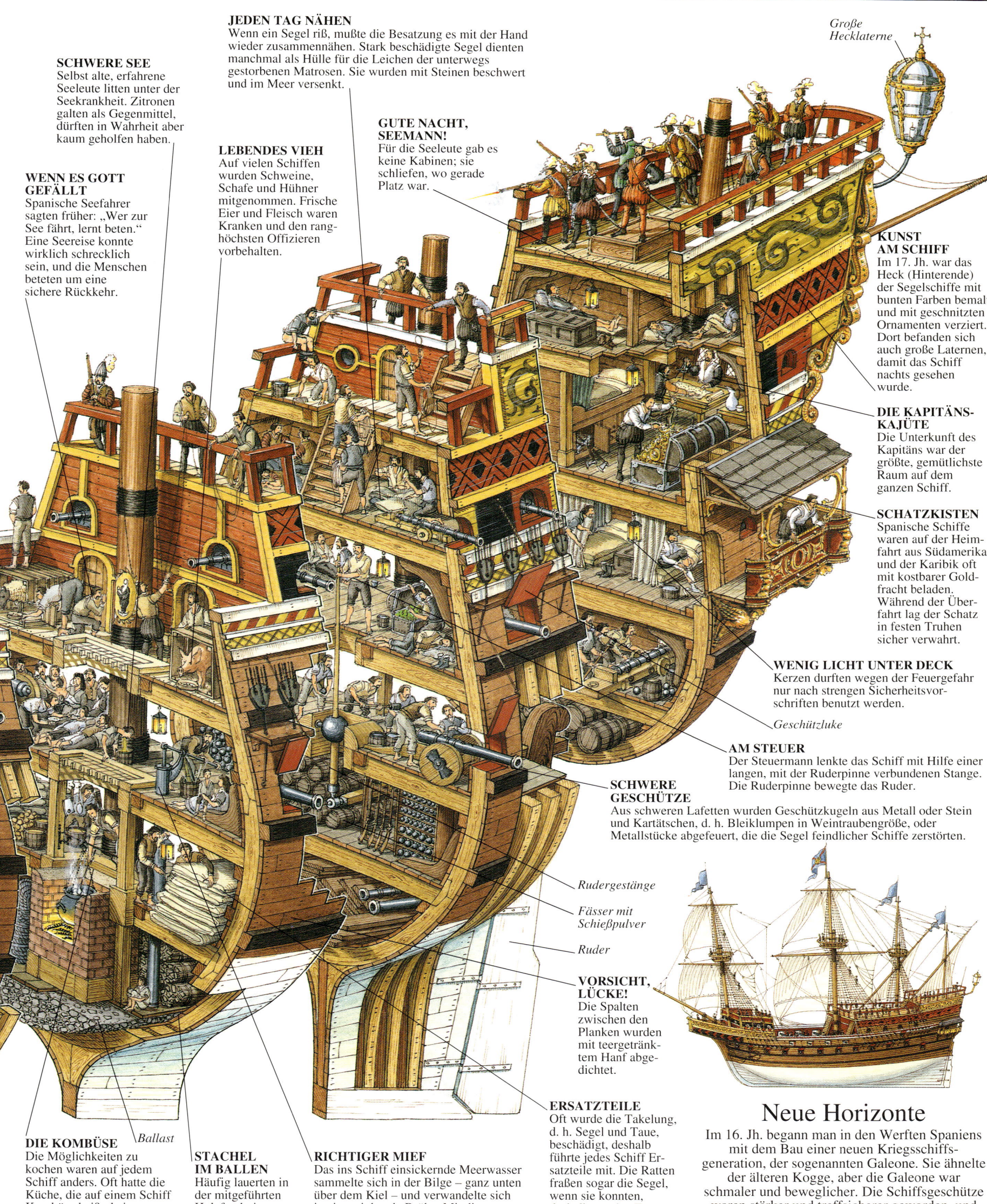

SCHWERE SEE
Selbst alte, erfahrene Seeleute litten unter der Seekrankheit. Zitronen galten als Gegenmittel, dürften in Wahrheit aber kaum geholfen haben.

WENN ES GOTT GEFÄLLT
Spanische Seefahrer sagten früher: „Wer zur See fährt, lernt beten." Eine Seereise konnte wirklich schrecklich sein, und die Menschen beteten um eine sichere Rückkehr.

JEDEN TAG NÄHEN
Wenn ein Segel riß, mußte die Besatzung es mit der Hand wieder zusammennähen. Stark beschädigte Segel dienten manchmal als Hülle für die Leichen der unterwegs gestorbenen Matrosen. Sie wurden mit Steinen beschwert und im Meer versenkt.

LEBENDES VIEH
Auf vielen Schiffen wurden Schweine, Schafe und Hühner mitgenommen. Frische Eier und Fleisch waren Kranken und den ranghöchsten Offizieren vorbehalten.

GUTE NACHT, SEEMANN!
Für die Seeleute gab es keine Kabinen; sie schliefen, wo gerade Platz war.

Große Hecklaterne

KUNST AM SCHIFF
Im 17. Jh. war das Heck (Hinterende) der Segelschiffe mit bunten Farben bemalt und mit geschnitzten Ornamenten verziert. Dort befanden sich auch große Laternen, damit das Schiff nachts gesehen wurde.

DIE KAPITÄNS-KAJÜTE
Die Unterkunft des Kapitäns war der größte, gemütlichste Raum auf dem ganzen Schiff.

SCHATZKISTEN
Spanische Schiffe waren auf der Heimfahrt aus Südamerika und der Karibik oft mit kostbarer Goldfracht beladen. Während der Überfahrt lag der Schatz in festen Truhen sicher verwahrt.

WENIG LICHT UNTER DECK
Kerzen durften wegen der Feuergefahr nur nach strengen Sicherheitsvorschriften benutzt werden.

Geschützluke

AM STEUER
Der Steuermann lenkte das Schiff mit Hilfe einer langen, mit der Ruderpinne verbundenen Stange. Die Ruderpinne bewegte das Ruder.

SCHWERE GESCHÜTZE
Aus schweren Lafetten wurden Geschützkugeln aus Metall oder Stein und Kartätschen, d. h. Bleiklumpen in Weintraubengröße, oder Metallstücke abgefeuert, die die Segel feindlicher Schiffe zerstörten.

Rudergestänge

Fässer mit Schießpulver

Ruder

VORSICHT, LÜCKE!
Die Spalten zwischen den Planken wurden mit teergetränktem Hanf abgedichtet.

Ballast

DIE KOMBÜSE
Die Möglichkeiten zu kochen waren auf jedem Schiff anders. Oft hatte die Küche, die auf einem Schiff Kombüse heißt, keinen Schornstein und war deshalb sehr verräuchert.

STACHEL IM BALLEN
Häufig lauerten in der mitgeführten Holzfracht im Laderaum giftige Skorpione.

RICHTIGER MIEF
Das ins Schiff einsickernde Meerwasser sammelte sich in der Bilge – ganz unten über dem Kiel – und verwandelte sich in eine stinkende Brühe. Mit dieser Pumpe wurde die Bilge geleert, aber der Geruch war trotzdem ekelerregend.

ERSATZTEILE
Oft wurde die Takelung, d. h. Segel und Taue, beschädigt, deshalb führte jedes Schiff Ersatzteile mit. Die Ratten fraßen sogar die Segel, wenn sie konnten, deshalb wurden Ersatzsegel häufig in leeren Fässern verstaut.

Neue Horizonte

Im 16. Jh. begann man in den Werften Spaniens mit dem Bau einer neuen Kriegsschiffsgeneration, der sogenannten Galeone. Sie ähnelte der älteren Kogge, aber die Galeone war schmaler und beweglicher. Die Schiffsgeschütze waren stärker und treffsicherer geworden, und die neue Form der Galeone sollte diese Feuerkraft wirksam nutzen.

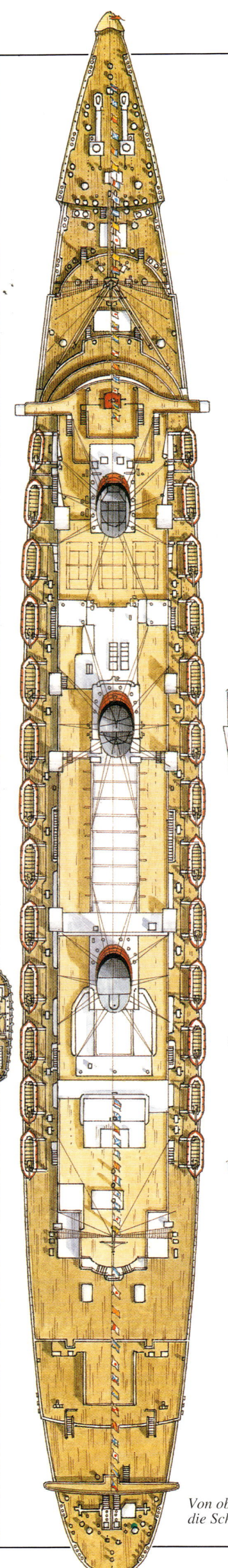

Von oben erkennt man die Schornsteine und Decks.

Der Ozeanriese

In der Zeit, als Schiffsreisen die schnellste Möglichkeit darstellten, ein Meer zu überqueren, umwarben die großen Schiffahrtslinien ihre Kunden so, wie die Fluglinien das heute tun. Die britische Reederei Cunard baute die *Queen Mary*, damals das größte Passagierschiff überhaupt, eigens zu dem Zweck, die Transatlantikroute schneller als andere befahren zu können. Das schnellste Fahrgastschiff auf dieser Strecke konnte das begehrte »Blaue Band« gewinnen. Die *Queen Mary* gewann diesen Preis im August 1936, als sie den Atlantischen Ozean in vier Tagen minus drei Minuten überquerte. Eine

Rivalin, die *Normandie*, jagte ihr den Titel im folgenden Jahr ab, aber im August 1938 gewann Die „Queen" den Ehrentitel ein zweites Mal, nachdem sie ihren eigenen Rekord um zwei Stunden und 19 Minuten verbessert hatte. 14 Jahre lang behauptete die *Queen Mary* ihre Spitzenposition. Unter ihren Passagieren waren Filmstars, Politiker und die übrigen Reichen und Berühmten der Welt. 1967 wurde die *Queen Mary* als Passagierschiff außer Dienst gestellt und liegt seither als schwimmendes Hotel und Konferenzzentrum ständig in Kalifornien.

Seitenansicht mit den Aufbauten

Länger als die anderen

Die Länge der *Queen Mary* – sie ist sechsmal so lang wie die Freiheitsstatue hoch ist – stellte die Konstrukteure und die New Yorker Hafenbehörden vor gewaltige Probleme. Bevor überhaupt mit dem Bau begonnen werden konnte, mußte in England ein riesiges Trockendock gebaut werden und in New York ein besonderer, 305 Meter langer Kai.

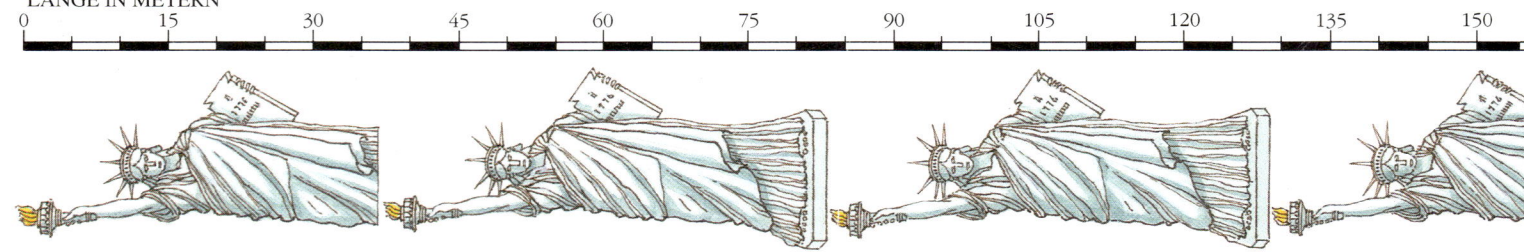

LÄNGE IN METERN

| 0 | 15 | 30 | 45 | 60 | 75 | 90 | 105 | 120 | 135 | 150 |

Aus der Vogelperspektive

Von oben betrachtet, geben die winzigen Tennisplätze eine Vorstellung von den gewaltigen Ausmaßen der Decks auf der *Queen Mary*. Die ständig einsatzbereiten Rettungsboote konnten jeweils 145 Menschen aufnehmen. Zum Glück wurden sie niemals gebraucht.

Die Route

Die *Queen Mary* verkehrte zwischen New York (USA) und Southampton (England). Die Reederei hatte das Schiff bauen lassen, um wöchentlich eine Verbindung zwischen beiden Häfen anbieten zu können. Wollte sie die Strecke in weniger als fünf Tagen bewältigen und den Rekord anderer Schiffahrtslinien brechen, mußte die *Queen Mary* durchschnittlich 28,5 Knoten, das sind 52,8 km/h, erreichen.

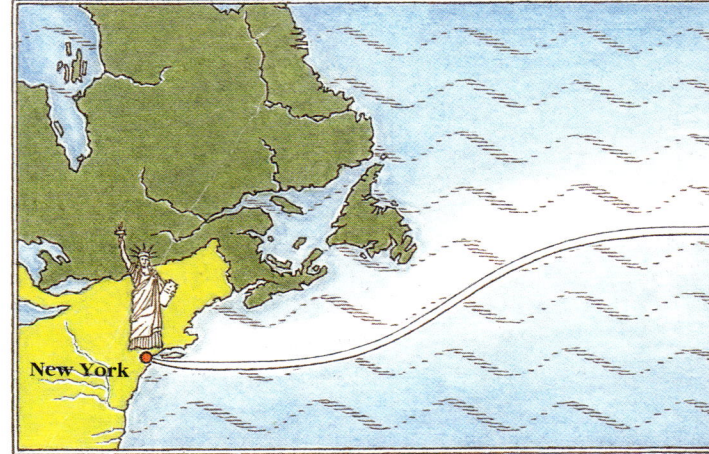

Über den Ozean

Wer den Atlantik heute in einem Überschallflugzeug überqueren will, muß einige ungemütliche Stunden in Kauf nehmen. 1936 sah es dagegen ganz anders aus. Eine Fahrt von England nach New York, das bedeutete damals: mindestens vier Tage auf See, denn nur die Mutigsten wagten sich in ein Flugzeug.

Jede Schiffahrtsgesellschaft bemühte sich, ihren Passagieren die Überfahrt so schnell und luxuriös wie möglich zu gestalten. Und dieser Wettbewerb führte zum Bau der *Queen Mary*. Als das gewaltige Schiff entstand, war es der schnellste Passagierdampfer der Welt und vermutlich auch der luxuriöseste. Der Schiffseigner, die Cunard-Reederei, investierte Millionen, um ein riesiges schwimmendes Hotel zu schaffen, das es mit jedem anderen auf dem Festland aufnehmen konnte.

Auf der *Queen Mary* gab es drei Passagierklassen, die der heutigen ersten Klasse, der Business-Klasse und der Touristenklasse im Flugzeug entsprechen. Manche Passagiere bewohnten eine Zimmerflucht mit frischen Schnittblumen und angrenzenden Kabinen für ihre Bediensteten. Die Fahrgäste der Touristenklasse waren zwar in weniger aufwendigen Kabinen untergebracht, aber auch sie reisten noch in gehobenem Stil. Die Passagiere der dritten Klasse zahlten am wenigsten und erhielten dafür einfache Kabinen im lautesten und verräuchertsten Teil des Schiffes.

Wind und Wellen kümmerte es jedoch nicht, wieviel jemand für die Überfahrt bezahlt hatte. Die Passagiere der dritten wie der ersten Klasse litten gleichermaßen unter der Seekrankheit. Und wie sie litten! Niemand hatte je zuvor ein Schiff von der Größe der *Queen Mary* gebaut, und die Konstrukteure wußten daher nicht, wie das Schiff in den Wogen des Atlantiks rollen und schlingern würde. In sehr

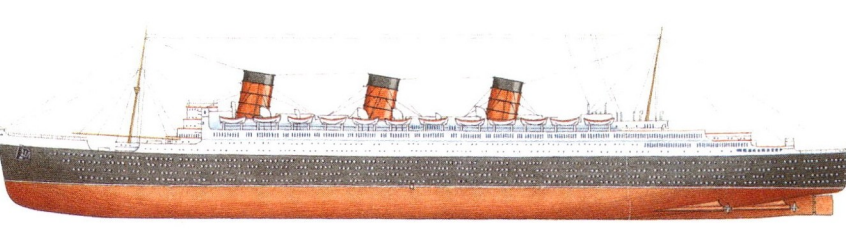

Ein Name für eine Königin

Um die *Queen Mary* ranken sich viele Geschichten; einige davon sind wahr, andere nicht. Einer unwahren Anekdote zufolge wollte man das neue Passagierschiff eigentlich *Queen Victoria* nennen. Als sich die Reederei an König Georg V. wandte, um seine Genehmigung einzuholen, tat sie es mit den Worten, das neue Schiff solle den Namen der größten englischen Königin aller Zeiten tragen. Der König erklärte, seine Frau sei darüber sicher entzückt.
Seine Gemahlin hieß natürlich Mary.

grober See krängte die *Queen Mary* um 44 Grad. Alles, was nicht am Boden festgeschraubt war, fiel unweigerlich um. In einem der größeren Räume wurde ein Klavier aus seiner Halterung gerissen und rutschte von einer Seite zur anderen. Dabei gab es eigenartige Töne von sich und zerschmetterte teure Möbel und Wandverkleidungen. Die Reederei reagierte schnell. Mit Hilfe von sorgfältig im Schiff verteiltem Ballast wurde der Trimm verbessert, und die *Queen Mary* glitt aufrecht und sanft durch das Wasser. Schon bald standen die Reichen und Berühmten der Welt Schlange, um eine Fahrkarte zu kaufen.

FRISEUR- UND KOSMETIKSALONS
Diese Dienstleistungsunternehmen boten alles an, was man auch auf dem Festland erwarten konnte, einschließlich Klopfmassagen und Schlammpackungen. Neugierige konnten sogar eine Röntgenaufnahme von sich machen lassen – damals war die schädliche Wirkung der Röntgenstrahlen noch nicht bekannt.

OHROPAX KOSTENLOS
Zur Unterhaltung der Passagiere befanden sich zahlreiche Musiker an Bord. Damit sie üben konnten, ohne die Fahrgäste zu stören, war das Musikzimmer schalldicht isoliert.

RASCH NACH OBEN
An Bord gab es insgesamt 21 Aufzüge. Das war kein Luxus, denn das Schiff war so hoch wie ein 12stöckiges Gebäude. Ohne die Aufzüge wäre es sehr mühsam gewesen, Gegenstände von einem Deck zum anderen zu bringen.

LUXUS FÜR DEN HUND
Hunden standen 26 luxuriöse Zwinger zur Verfügung, ebenso wie eine 24 Meter lange Auslaufstrecke – mit Straßenlaterne!

WEICHE TEPPICHE
Insgesamt 9,6 km Teppiche waren an Bord verlegt worden, alle speziell für die *Queen Mary* gewebt.

DIE BRÜCKE
Hoch über den vorderen Decks lag die Brücke, die Kommandozentrale des Schiffes. Rund um die Uhr achteten die diensthabenden Offiziere darauf, daß die *Queen Mary* ihren Kurs hielt. Gleichzeitig hielten sie Ausschau nach Eisbergen – im Nordatlantik oft eine Gefahr.

FRISCHE BLUMEN
Hunderte von frischen Schnittblumensträußen verschönerten das Schiff. Am Ende jeder Fahrt wurden alle ausgetauscht. Auf der *Queen Mary* waren vier Gärtner beschäftigt.

TAUSEND TONNEN ÖL
Das Schiff verbrauchte täglich im Schnitt 1.000 Tonnen Brennstoff.

DER KIEL
Der Kiel der *Queen Mary* bestand aus gewaltigen, 9 Meter langen und 1,80 Meter breiten Platten, die mit genieteten Bändern verbunden waren. Den Rumpf umkleideten etwa 2,5 cm starke, doppelt oder dreifach vernietete Stahlplatten.

LICHT IM SCHIFF
Die 30.000 Glühlampen auf dem Schiff erforderten ständige Aufmerksamkeit. Eine Gruppe von Elektrikern war die halbe Nacht unterwegs, um ausgebrannte Glühbirnen auszuwechseln, während die Passagiere schliefen.

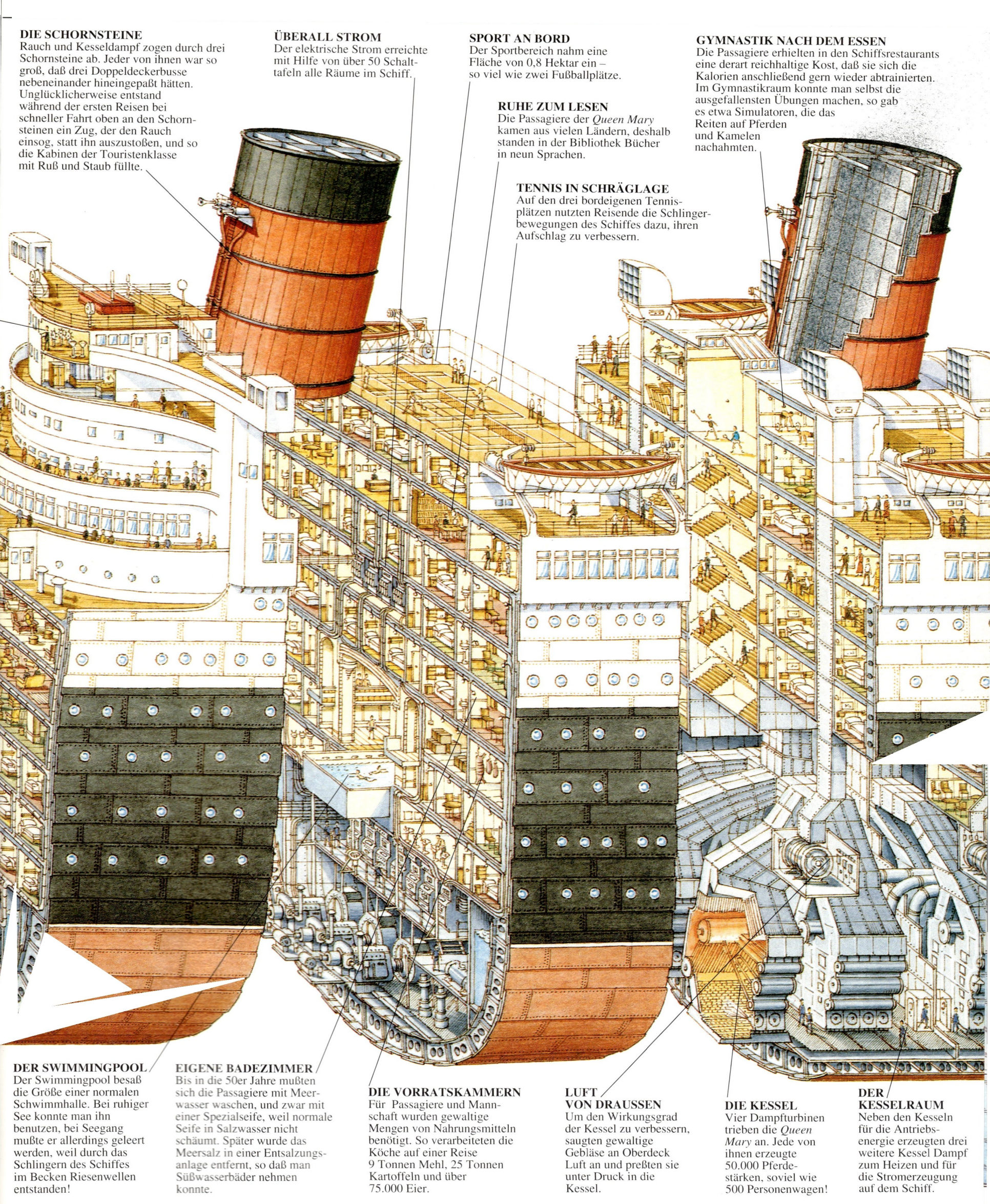

DIE SCHORNSTEINE
Rauch und Kesseldampf zogen durch drei Schornsteine ab. Jeder von ihnen war so groß, daß drei Doppeldeckerbusse nebeneinander hineingepaßt hätten. Unglücklicherweise entstand während der ersten Reisen bei schneller Fahrt oben an den Schornsteinen ein Zug, der den Rauch einsog, statt ihn auszustoßen, und so die Kabinen der Touristenklasse mit Ruß und Staub füllte.

ÜBERALL STROM
Der elektrische Strom erreichte mit Hilfe von über 50 Schalttafeln alle Räume im Schiff.

SPORT AN BORD
Der Sportbereich nahm eine Fläche von 0,8 Hektar ein – so viel wie zwei Fußballplätze.

RUHE ZUM LESEN
Die Passagiere der *Queen Mary* kamen aus vielen Ländern, deshalb standen in der Bibliothek Bücher in neun Sprachen.

TENNIS IN SCHRÄGLAGE
Auf den drei bordeigenen Tennisplätzen nutzten Reisende die Schlingerbewegungen des Schiffes dazu, ihren Aufschlag zu verbessern.

GYMNASTIK NACH DEM ESSEN
Die Passagiere erhielten in den Schiffsrestaurants eine derart reichhaltige Kost, daß sie sich die Kalorien anschließend gern wieder abtrainierten. Im Gymnastikraum konnte man selbst die ausgefallensten Übungen machen, so gab es etwa Simulatoren, die das Reiten auf Pferden und Kamelen nachahmten.

DER SWIMMINGPOOL
Der Swimmingpool besaß die Größe einer normalen Schwimmhalle. Bei ruhiger See konnte man ihn benutzen, bei Seegang mußte er allerdings geleert werden, weil durch das Schlingern des Schiffes im Becken Riesenwellen entstanden!

EIGENE BADEZIMMER
Bis in die 50er Jahre mußten sich die Passagiere mit Meerwasser waschen, und zwar mit einer Spezialseife, weil normale Seife in Salzwasser nicht schäumt. Später wurde das Meersalz in einer Entsalzungsanlage entfernt, so daß man Süßwasserbäder nehmen konnte.

DIE VORRATSKAMMERN
Für Passagiere und Mannschaft wurden gewaltige Mengen von Nahrungsmitteln benötigt. So verarbeiteten die Köche auf einer Reise 9 Tonnen Mehl, 25 Tonnen Kartoffeln und über 75.000 Eier.

LUFT VON DRAUSSEN
Um den Wirkungsgrad der Kessel zu verbessern, saugten gewaltige Gebläse an Oberdeck Luft an und preßten sie unter Druck in die Kessel.

DIE KESSEL
Vier Dampfturbinen trieben die *Queen Mary* an. Jede von ihnen erzeugte 50.000 Pferdestärken, soviel wie 500 Personenwagen!

DER KESSELRAUM
Neben den Kesseln für die Antriebsenergie erzeugten drei weitere Kessel Dampf zum Heizen und für die Stromerzeugung auf dem Schiff.

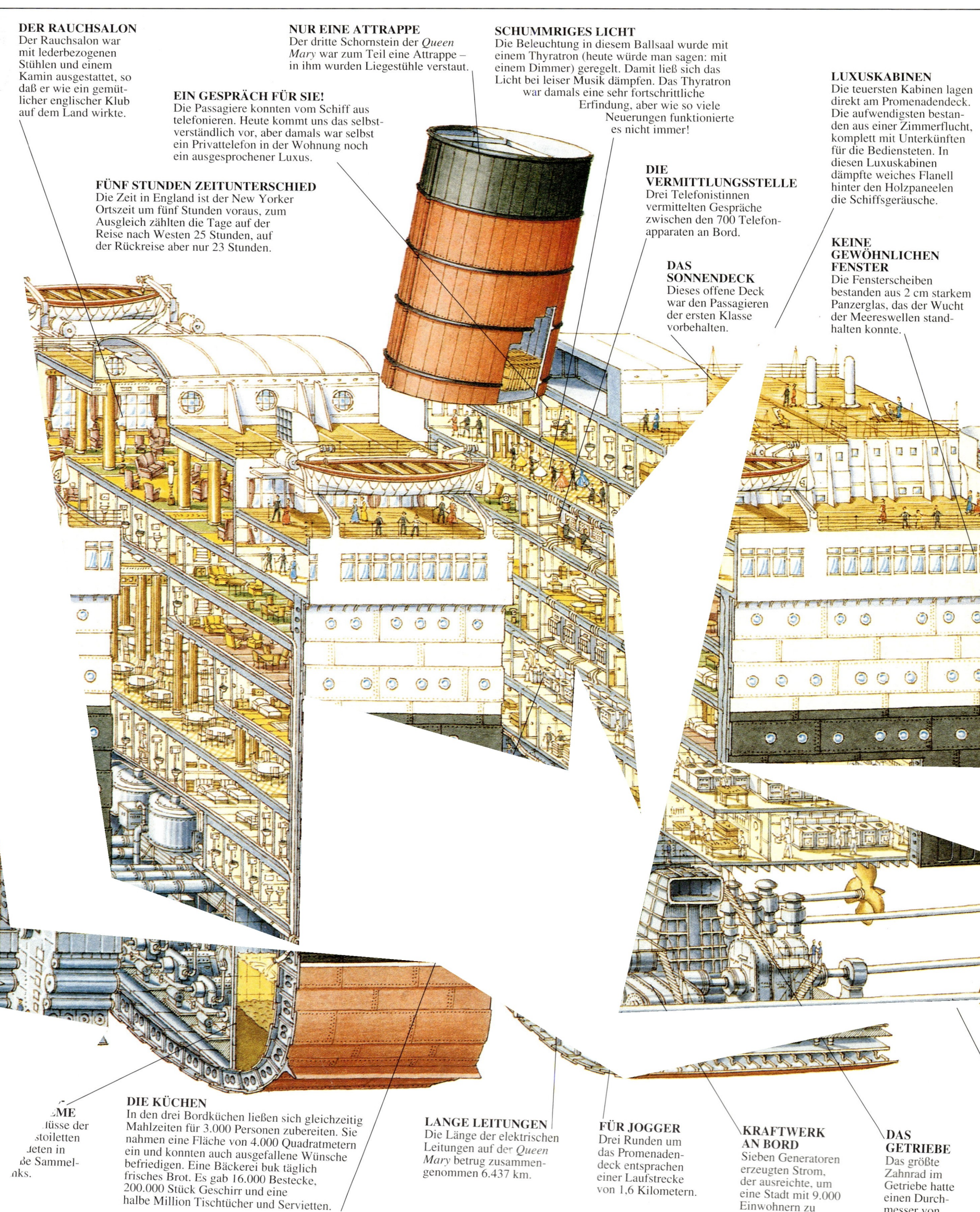

DER RAUCHSALON
Der Rauchsalon war mit lederbezogenen Stühlen und einem Kamin ausgestattet, so daß er wie ein gemütlicher englischer Klub auf dem Land wirkte.

EIN GESPRÄCH FÜR SIE!
Die Passagiere konnten vom Schiff aus telefonieren. Heute kommt uns das selbstverständlich vor, aber damals war selbst ein Privattelefon in der Wohnung noch ein ausgesprochener Luxus.

FÜNF STUNDEN ZEITUNTERSCHIED
Die Zeit in England ist der New Yorker Ortszeit um fünf Stunden voraus, zum Ausgleich zählten die Tage auf der Reise nach Westen 25 Stunden, auf der Rückreise aber nur 23 Stunden.

NUR EINE ATTRAPPE
Der dritte Schornstein der *Queen Mary* war zum Teil eine Attrappe – in ihm wurden Liegestühle verstaut.

SCHUMMRIGES LICHT
Die Beleuchtung in diesem Ballsaal wurde mit einem Thyratron (heute würde man sagen: mit einem Dimmer) geregelt. Damit ließ sich das Licht bei leiser Musik dämpfen. Das Thyratron war damals eine sehr fortschrittliche Erfindung, aber wie so viele Neuerungen funktionierte es nicht immer!

DIE VERMITTLUNGSSTELLE
Drei Telefonistinnen vermittelten Gespräche zwischen den 700 Telefonapparaten an Bord.

DAS SONNENDECK
Dieses offene Deck war den Passagieren der ersten Klasse vorbehalten.

LUXUSKABINEN
Die teuersten Kabinen lagen direkt am Promenadendeck. Die aufwendigsten bestanden aus einer Zimmerflucht, komplett mit Unterkünften für die Bediensteten. In diesen Luxuskabinen dämpfte weiches Flanell hinter den Holzpaneelen die Schiffsgeräusche.

KEINE GEWÖHNLICHEN FENSTER
Die Fensterscheiben bestanden aus 2 cm starkem Panzerglas, das der Wucht der Meereswellen standhalten konnte.

...ME
...flüsse der ...stoiletten ...jeten in ...e Sammel...nks.

DIE KÜCHEN
In den drei Bordküchen ließen sich gleichzeitig Mahlzeiten für 3.000 Personen zubereiten. Sie nahmen eine Fläche von 4.000 Quadratmetern ein und konnten auch ausgefallene Wünsche befriedigen. Eine Bäckerei buk täglich frisches Brot. Es gab 16.000 Bestecke, 200.000 Stück Geschirr und eine halbe Million Tischtücher und Servietten.

LANGE LEITUNGEN
Die Länge der elektrischen Leitungen auf der *Queen Mary* betrug zusammengenommen 6.437 km.

FÜR JOGGER
Drei Runden um das Promenadendeck entsprachen einer Laufstrecke von 1,6 Kilometern.

KRAFTWERK AN BORD
Sieben Generatoren erzeugten Strom, der ausreichte, um eine Stadt mit 9.000 Einwohnern zu versorgen.

DAS GETRIEBE
Das größte Zahnrad im Getriebe hatte einen Durchmesser von 4,20 m.

Zahlen, Zahlen, Zahlen	
Länge • 310,75 m	
Länge an der Wasserlinie • 306 m	
Breite • 36 m	
Tiefgang • 11,83 m	
Geschwindigkeit • 28,5 Knoten (52,8 km/h)	
Leistung • 212.000 PS	
Anker • 4 x 16 Tonnen, jeder mit 600 m Kette	

Das Leben einer Dame von königlichem Geblüt

Mit dem Bau der *Queen Mary* begann man im Dezember 1930. Wegen der Weltwirtschaftskrise wurden die Arbeiten jedoch länger als zwei Jahre eingestellt. 1934 fand schließlich der Stapellauf statt, und am 27. Mai 1936 trat das Schiff seine Jungfernfahrt an. 1940 übernahm die englische Kriegsmarine das Schiff als Truppentransporter. Von 1947 an beförderte die *Queen Mary* dann wieder Passagiere. Zwanzig Jahre später waren die großen Ozeandampfer wegen der Flugzeuge entbehrlich geworden. Am 22. September 1967 ging die *Queen Mary* auf ihre letzte Fahrt.

ÜBER 100 OFFIZIERE
Von den 105 Schiffsoffizieren bekamen die Passagiere nur rund ein Viertel zu sehen. Die übrigen waren Ingenieure, die sich vorwiegend unter Deck aufhielten, wo sie dafür sorgten, daß alles wie am Schnürchen lief.

Stoßheber

DIE AUSSENHAUT
Die Stahlplatten am Rumpf der *Queen Mary* waren rund 2,5 cm dick, und sie waren mit über 10 Millionen Nieten befestigt. Riesige, fast 30 cm dicke Stahlträger hielten das Schiff zusammen.

AUF KURS
Das Steuerruder der Queen Mary war eines der größten der Welt. Es wurde von mächtigen Stoßhebern bewegt. Das Ruder war so groß wie ein Haus und wog soviel wie 18 Zehn-Tonnen-Laster.

DIE SCHRAUBEN-WELLEN
Die Maschinen trieben gewaltige Schraubenwellen an, jede so stark wie ein Baumstamm.

Alle Mann an Bord

Die *Queen Mary* beförderte über 2.400 Passagiere in drei Klassen. Pagen, Zimmermädchen, Krankenschwestern und Barkeeper sorgten für deren Wohl. Zur Besatzung gehörten daneben Ingenieure und das seemännische Personal, Heizer und Mechaniker, die gebraucht wurden, damit sich das Schiff überhaupt von der Stelle bewegte.

Die Mannschaft

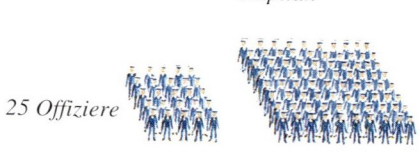

Kapitän

25 Offiziere

80 technische Offiziere

100 Seeleute und Mechaniker

Erster Steward

200 Stewards und leitende Seeleute

200 Stewardessen

200 Kellner

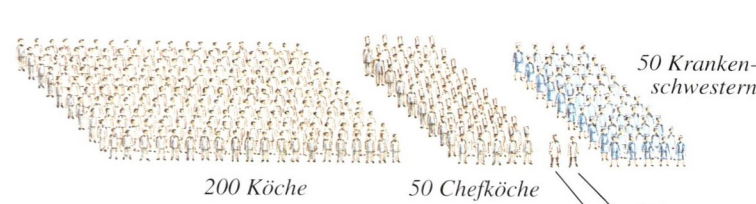

200 Köche

50 Chefköche

50 Krankenschwestern

Chirurg

Arzt

Die Passagiere

800 Passagiere der ersten Klasse

800 Passagiere der zweiten Klasse

600 Passagiere der dritten Klasse

Vorn und hinten

Wenn die *Queen Mary* mit 30 Knoten unterwegs war, boten ihre weißen Aufbauten und roten Schornsteine einen eindrucksvollen Anblick. 18.000 Versuche mit maßstabgerechten Modellen hatten sichergestellt, daß der turmhohe Bug des Schiffes glatt durch die Wellen glitt. Angetrieben wurde es von vier Schiffsschrauben am 300 Meter entfernten Heck, deren Durchmesser sechs Meter betrug.

Blick auf den Bug mit Ankern und Aufbauten

Blick auf das Heck mit Ruder und Schiffsschrauben

Decks und Kabinen

An Bord waren die Reisenden der verschiedenen Klassen strikt voneinander getrennt. Es galt der Grundsatz: je höher, desto vornehmer. Passagiere, die für ihr Ticket am meisten zahlten, hatten auf den oberen Decks die beste Aussicht.

165 180 195 210 225 240 255 270 285 300

Die Reederei

Die Reederei Cunard wurde 1839 von Samuel, später Sir Samuel, Cunard gegründet. Er begann mit der Beförderung von Passagieren auf der Transatlantikroute. Cunards erstes Schiff hieß *Britannia*. Auf ihm fuhr der englische Schriftsteller Charles Dickens 1842 nach New York.

Southampton

Der Rumpf

Zehn Millionen Nieten hielten die 160 wasserdichten Schotten zusammen, die den riesigen Rumpf unterteilten. Bekam das Schiff ein Leck, drang nur in ein Schott Wasser ein, aber das Schiff sank nicht. Am Heck befand sich das Ruder, das so groß wie ein Haus war und 180 Tonnen wog.

Blick auf die Unterseite mit Schiffsschrauben und Kiel

Das U-Boot

Deutsche U-Boote zählten im Zweiten Weltkrieg (1939-1945) zu den schrecklichsten Waffen. Sie schlichen sich unbemerkt an feindliche Schiffe heran. Waren sie dann für einen Angriff nahe genug, tauchten sie bis knapp unter die Wasseroberfläche auf. Wollte der Kommandant eines U-Boots seine Geschütze abfeuern, ohne aufzutauchen, verwendete er ein Sehrohr, das Periskop, das aus dem Wasser herausragte. Wenn sich das Ziel direkt vor dem U-Boot befand, schoß dieses einen Torpedo ab – eine lange, dünne, von einem Elektromotor angetriebene Bombe. Traf der Torpedo sein Ziel, riß er ein Loch in das Schiff, das daraufhin schnell sank. Die U-Boote hätten beinahe den Krieg für Deutschland gewonnen, doch England und die Vereinigten Staaten fanden Mittel und Wege, um sie zu orten und zu zerstören, und bis 1943 waren viele deutsche U-Boote vernichtet worden.

ACHTUNG, FLUGZEUGE!
Diese Antenne ortete Flugzeugradar, so konnte das U-Boot bei Gefahr schnell abtauchen.

ICH HÄNGE FEST!
Bei kaltem Wetter wäre die Besatzung im Handumdrehen an den Metallteilen des U-Bootes angefroren. Das verhinderten Holzstreifen.

DER MAGNETKOMPASS
Dieser Spezialkompaß konnte die Mißweisung (Ablenkung) ausgleichen. Er zeigte immer genau nach Norden.

DER „SCHNORCHEL"
Dank des Schnorchels konnten nahe der Oberfläche Dieselmotoren eingesetzt werden. Durch dieses lange Rohr wurde Außenluft ins Innere des U-Boots gesogen.

JEMAND DA?
Der Kommandant verständigte sich über ein einfaches Sprechrohr mit dem Maschinenraum.

EINSTIEGS-LUKE
Ein starker Verschlußmechanismus sorgte dafür, daß beim Tauchen kein Wasser durch die Luke einsickerte.

BLOSS EIN VOGEL
Durch ein kleines Sehrohr suchte die Besatzung den Himmel nach feindlichen Flugzeugen ab.

Radioantenne

Hauptperiskop

LUFT AUS DER LEITUNG
U-Bootbesatzungen waren weitgehend auf Druckluft angewiesen: zum Atmen, zum Abfeuern der Torpedos, zum Füllen der Drucklufttanks, mit deren Hilfe das Schiff auftauchte, und selbst ein Großteil der Schiffsmaschinen wurde mit Druckluft betrieben.

SAUBERE TORPEDOS
Fünf Torpedos lagen ständig feuerbereit in ihren Abschußrohren. Dort waren sie allerdings dem Seewasser ausgesetzt, so daß jeder einmal in der Woche aus dem Rohr genommen und gesäubert werden mußte.

LAUTER KNALL
An der Wasseroberfläche konnte das U-Boot feindliche Schiffe mit seinem 8,8-mm-Geschütz angreifen.

Anker

Mit dieser Winsch (Winde) ließen sich die Torpedos bewegen.

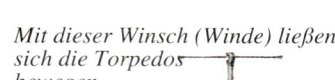

Torpedo-Abschußrohr

UNTER WASSER SCHWEBEN
Unter Wasser regulierte die Besatzung die Tauchtiefe mit Hilfe von Tiefenrudern, die kurzen Flugzeugflügeln ähnelten. Sie wurden von zwei Rudergängern gesteuert. Wurden sie nach oben angewinkelt, tauchte das Boot ab, waren sie nach unten abgewinkelt, tauchte es auf.

Torpedolast (Lagerraum)

ACHTUNG, WIR SINKEN!
Tauchtanks regelten den Auftrieb des U-Bootes. Bei normaler Fahrt (aufgetaucht) waren sie mit Luft gefüllt. Wurde sie abgelassen, floß Seewasser in die Tanks, und das Boot konnte tauchen.

WACHWECHSEL
Die Besatzung arbeitete in „Schichten", den Wachen. Wenn eine Wache Dienst hatte, ging die andere schlafen. Die Zahl der Kojen reichte nur für eine Wache.

FUNKSIGNALE UNTER WASSER
Das U-Boot konnte Langwellen-Funksignale empfangen und ausstrahlen, selbst wenn seine Antenne neun Meter tief im Wasser war. Alle Funksignale waren verschlüsselt, damit der Feind die Botschaften nicht verstand, wenn er sie auffing. Der Kapitän ver- und entschlüsselte die aus- und eingehenden Mitteilungen mit einem Kodierapparat.

Fuß des Hauptperiskops

Kommandozentrale

EIGENES SCHIFF GETROFFEN!

Deutsche U-Boote experimentierten mit einem akustischen Torpedo, der sein Ziel durch Ortung des Maschinengeräuschs selbst ansteuerte. Einige der ersten Versuche endeten verheerend, denn die eigenen Motoren waren lauter als die des Zielschiffs: Der Torpedo wendete und jagte das eigene Boot in die Luft!

Ausguck

Auspuff

JEDE MENGE FLAK

Die Besatzung beschoß feindliche Flugzeuge mit einer Flugzeugabwehr-kanone (kurz: Flak).

Sicherheits-reling

DER KOMMANDOTURM

Der Aufbau in der Mitte des Boots ist der Kommandoturm. Von hier aus steuerte der Kommandant das U-Boot, wenn es aufgetaucht fuhr.

ES GEHT UM DIE WURST

Weil der Platz äußerst knapp war, wurden Räucherfleisch, Brot und andere Nahrungs-mittel da verstaut, wo es gerade ging – sogar in den Kabinen der Besatzung und auf der Toilette!

AUFGESETZTE TANKS

Die großen Brennstoff-tanks waren außen am Boot angebracht. Sie sahen aus wie ein Reitsattel.

U-Boot vom Typ VII-C

Die deutsche Marine setzte im Zweiten Weltkrieg 650 U-Boote vom Typ VII-C ein. Diese Bootsklasse war billiger im Bau und kleiner als die U-Boote der anderen Kriegsparteien, aber ihre Reichweite war immerhin so groß, daß die Boote Operationen weit draußen im Atlantik ausführen konnten. Die Klasse war zwar bei Kriegsende veraltet, doch als sie eingeführt wurde, war es eine fortschrittliche, gefährliche Waffe.

Zahlen, Zahlen, Zahlen	
Länge • 67,10 m	
Maximale Breite • 6,18 m	
Reichweite über Wasser • 16.300 km bei 18,5 km/h	
Reichweite unter Wasser • 147 km bei 7,4 km/h	
Höchstgeschwindigkeit über Wasser • 32 km/h	
Höchstgeschwindigkeit unter Wasser • 14 km/h	
Waffen • 14 Torpedos oder bis zu 60 Minen; 8,8-mm-Deckgeschütz; Flugabwehrgeschütz.	

Maschinenkontrollraum

Schalldämpfer für Dieselmotoren

POSITIONSLICHTER

In feindlichen Gewässern hätten die Lichter dem Feind die Position des U-Boots verraten, deshalb wurden sie nur dort eingeschaltet, wo keine Gefahr bestand.

Torpedo-Abschußrohr

Steuerruder

Hintere Tiefenruder

Schiffsschraube

Antriebswelle für die Schiffs-schraube

Torpedo

DIE ELEKTROMOTOREN

Unter Wasser wurde das U-Boot von Elektromotoren angetrieben. Aber lange Tauchfahrten waren unmöglich, weil die Batterien schnell leer wurden und aufgeladen werden mußten.

Rudergänger

GROSSE BATTERIEN

An Bord befanden sich gewaltige Batterien zum Antrieb des Elektromotors. Sie enthielten genug Strom, um 24 Stunden lang 1.000 Glühlampen brennen zu lassen.

DIE SPINDE

Die Spinde für die Besatzung waren sehr klein. Ein Besucher sagte, sie hätten „die Größe einer Aktentasche".

ZUM KOCHEN ZU ENG

Die Kochvorrichtungen in der Kombüse waren primitiv. Der Koch mußte sich mit zwei Platten begnügen.

VERSORGUNG

Die Treibstoffmenge an Bord bestimmte die Reichweite. Um sie zu vergrößern, baute die deutsche Marine Versorgungs-U-Boote, die nur Treibstoff und Vorräte transportierten.

STARKER DIESELANTRIEB

Starke Dieselmotoren trieben das U-Boot über Wasser oder dicht unter der Oberfläche an. Für die Tauchfahrt konnte man sie nicht einsetzen, weil sie Luft für ihren Betrieb brauchten. Die Dieselmotoren im Tauchzustand anzulassen, hätte bedeutet, daß die gesamte Luft im U-Boot schnell aufgebraucht und die Mannschaft erstickt wäre.

Das Kohlebergwerk

In einem niedrigen Tunnel 500 Meter unter der Erdoberfläche arbeiten Bergleute an Maschinen, die große Brocken aus der Erdkruste herausbrechen, damit aus dem Gestein Kohle gewonnen werden kann. In unseren hell erleuchteten Wohnhäusern sehen wir die Kohle meist gar nicht, die die Bergleute zu Tage fördern. Und doch benutzen wir sie überall: In jeder Wohnung leuchten acht von zehn Glühlampen dank des Stroms, der durch Kohleverbrennung erzeugt wird.

Schon vor Tausenden von Jahren begannen die Menschen, Kohle zu verbrennen. Vermutlich verwendeten sie als erstes Stücke, die sie auf dem Boden fanden. Aber schon bald fingen sie an, Gruben und Schächte anzulegen, um an die im Gestein verborgenen Flöze zu gelangen. In diesen ersten Bergwerken setzten die Menschen täglich ihr Leben aufs Spiel, um das „schwarze Gold" mit Spitzhacken und Schaufeln auszugraben. Heute stehen dem Bergmann Computer und riesige Maschinen zur Verfügung, aber noch immer sind Bergwerke dunkel, feucht, schmutzig und gefährlich.

LANDSCHAFTS-GESTALTUNG
Früher war der Bergbau ein Fremdkörper in der Landschaft. Moderne Zechen werden so geplant und gebaut, daß sie sich möglichst in die Landschaft einfügen.

ABTRANSPORT DES „SCHWARZEN GOLDES"
Nur selten wird Kohle da gefördert, wo man sie braucht, deshalb wird sie in Zügen und schweren Lastwagen abtransportiert.

WO FINDET MAN KOHLE?
Kohle lagert im Boden in schmalen Schichten, den Flözen. Einige Kohlenflöze sind bis zu 6 m stark; aber auch ein nur 2 m starkes Kohlenflöz enthält manchmal noch genug Kohle, so daß sich der Abbau lohnt.

DUSCHEN NACH DER SCHICHT
Über Tage können die Bergleute duschen und essen. Jeder Bergmann hat einen Spind, in dem er seine Arbeitskleidung aufbewahrt, wenn er nach Hause geht.

EINE GLÄNZENDE IDEE
Damit der Bergmann im Dunkeln sehen kann, trägt er eine batteriebetriebene Grubenlampe. Sie ist an seinem Schutzhelm befestigt, damit er die Hände frei hat. Die Bergleute laden die Batterien ihrer Lampe im Lampenraum wieder auf.

SÄUBERN UND GRADUIERUNG
Die Kohle ist zunächst mit Schlamm und Gestein vermischt. Bevor sie in den Handel kommt, muß sie gesäubert und graduiert – nach Güte und Größe sortiert – werden. In Wasserbehältern wird die Kohle vom Gestein getrennt: Die Kohle schwimmt auf, das Gestein sinkt ab.

ZURÜCK ZUR NATUR
Heute wird enorm viel Mühe investiert, um stillgelegte Gruben zu rekultivieren und wieder naturnah zu gestalten.

ÜBER UND UNTER TAGE
Das Bergwerk liegt größtenteils unter Tage, aber auch zu ebener Erde wird gearbeitet. Die Büros und Werkstätten heißen in der Bergmannssprache Taggebäude.

Im modernen Bergbau werden anstelle von Muskelkraft Maschinen eingesetzt. Mit ihrem rotierenden Bohrkopf bahnt sich die bösartig aussehende Schrämmaschine den Weg zum Kohleflöz, jenem Teil der Zeche, in dem die Kohle abgebaut wird. Der Kohlehobel fährt über die Kohlelager hinweg. Mit den Schneiden, die an ihren Enden mit Diamanten bestückt sind und an einer Drehtrommel sitzen, bricht er Kohle und Gestein heraus. Fahrbare Stützen halten die Stollendecke, während der Kohlehobel sich vorarbeitet. Die Stützen treiben auch das Förderband an, auf dem die Kohle vom Flöz fortgeschafft wird.

AUF UND AB
Starke Winden am Schachteingang ziehen die Förderkörbe mit Kohle hinauf und transportieren die Bergleute in einem Art Käfig, in den Schacht hinunter.

LAGER
In den Taggebäuden gibt es Lager und Werkstätten, in denen die unter Tage benötigten Geräte montiert werden.

DAS VENTILATORENHAUS
Riesige Ventilatoren saugen verbrauchte Luft aus der Grube ab und ziehen frische Luft hinein.

DER ABLUFTSCHACHT (WETTERSCHACHT)
Jede Grube besitzt mindestens zwei Schächte. Die verbrauchte Luft wird durch den Wetterschacht abgesaugt.

BEFÖRDERUNG UNTER TAGE
In den Strecken kommen verschiedene Transportmittel zum Einsatz. Auf größeren Strecken ziehen Elektro- oder Diesellokomotiven Züge. Daneben gibt es frei lenkbare dieselbetriebene Zugmaschinen, die auch Bergleute und Ausrüstungsgegenstände befördern.

Schrämmaschine

Kohlehobel

Fahrbare Stützen

Wetterschacht

Ventilatorgehäuse

Ventilatorenflügel

Parkplatz

Freizeitraum

Bandförderer

Kohlenscheider

Der Fahrstuhl bringt die Bergleute zur Strecke.

Sortierschächte

Kantine

Streckenverstrebungen

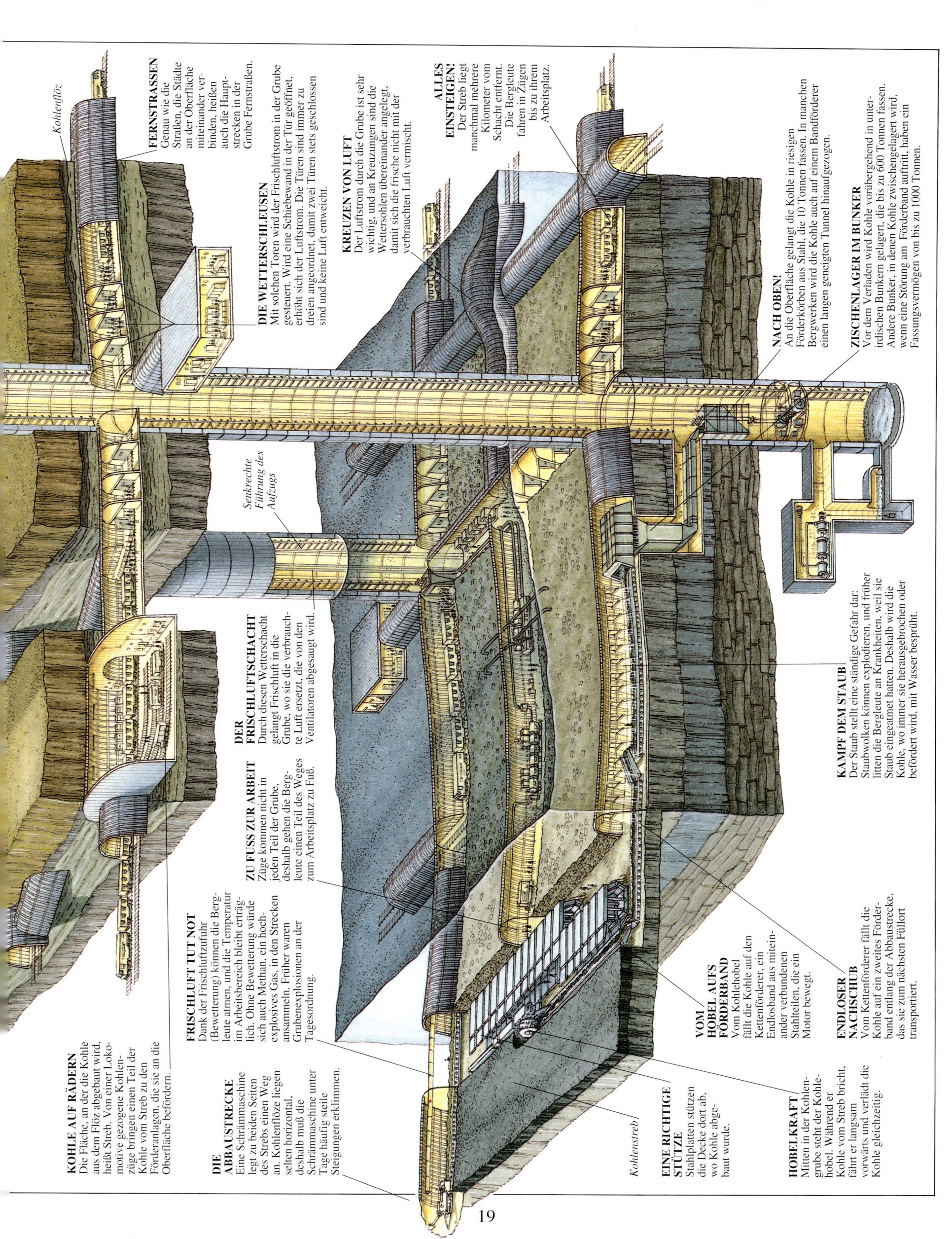

Kohlenflöz

KOHLE AUF RÄDERN
Die Fläche, an der die Kohle aus dem Flöz abgebaut wird, heißt Streb. Von einer Lokomotive gezogene Kohlenzüge bringen einen Teil der Kohle vom Streb zu den Förderanlagen, die sie an die Oberfläche befördern.

DIE ABBAUSTRECKE
Eine Schrämmaschine legt zu beiden Seiten des Strebs einen Weg an. Kohlenflöze liegen selten horizontal, deshalb muß die Schrämmaschine unter Tage häufig steile Steigungen erklimmen.

HOBELKRAFT
Mitten in der Kohlengrube steht der Kohlehobel. Während er Kohle vom Streb bricht, fährt er langsam vorwärts und verlädt die Kohle gleichzeitig.

EINE RICHTIGE STÜTZE
Stahlplatten stützen die Decke dort ab, wo Kohle abgebaut wurde.

Kohlenstreb

VOM HOBEL AUFS FÖRDERBAND
Vom Kohlehobel fällt die Kohle auf den Kettenförderer, ein Endlosband aus miteinander verbundenen Stahlteilen, die ein Motor bewegt.

ENDLOSER NACHSCHUB
Vom Kettenförderer fällt die Kohle auf ein zweites Förderband entlang der Abbaustrecke, das sie zum nächsten Füllort transportiert.

FRISCHLUFT TUT NOT
Dank der Frischluftzufuhr (Bewetterung) können die Bergleute atmen, und die Temperatur im Arbeitsbereich bleibt erträglich. Ohne Bewetterung würde sich auch Methan, ein hochexplosives Gas, in den Strecken ansammeln. Früher waren Grubenexplosionen an der Tagesordnung.

ZU FUSS ZUR ARBEIT
Züge kommen nicht in jeden Teil der Grube, deshalb gehen die Bergleute einen Teil des Weges zum Arbeitsplatz zu Fuß.

DER FRISCHLUFTSCHACHT
Durch diesen Wetterschacht gelangt Frischluft in die Grube, wo sie die verbrauchte Luft ersetzt, die von den Ventilatoren abgesaugt wird.

Senkrechte Führung des Aufzugs

DIE WETTERSCHLEUSEN
Mit solchen Toren wird der Frischluftstrom in der Grube gesteuert. Wird eine Schiebewand in der Tür geöffnet, erhöht sich der Luftstrom. Die Türen sind immer zu dreien angeordnet, damit zwei Türen stets geschlossen sind und keine Luft entweicht.

KREUZEN VON LUFT
Der Luftstrom durch die Grube ist sehr wichtig, und an Kreuzungen sind die Wettersohlen übereinander angelegt, damit sich die frische nicht mit der verbrauchten Luft vermischt.

ALLES EINSTEIGEN!
Der Streb liegt manchmal mehrere Kilometer vom Schacht entfernt. Die Bergleute fahren in Zügen bis zu ihrem Arbeitsplatz.

FERNSTRASSEN
Genau wie die Straßen, die Städte an der Oberfläche miteinander verbinden, heißen auch die Hauptstrecken in der Grube Fernstraßen.

NACH OBEN!
An die Oberfläche gelangt die Kohle in riesigen Förderkörben aus Stahl, die 10 Tonnen fassen. In manchen Bergwerken wird die Kohle auch auf einem Bandförderer einen langen geneigten Tunnel hinaufgezogen.

ZISCHENLAGER IM BUNKER
Vor dem Verladen wird Kohle vorübergehend in unterirdischen Bunkern gelagert, die bis zu 600 Tonnen fassen. Andere Bunker, in denen Kohle zwischengelagert wird, wenn eine Störung am Förderband auftritt, haben ein Fassungsvermögen von bis zu 1000 Tonnen.

KAMPF DEM STAUB
Der Staub stellt eine ständige Gefahr dar: Staubwolken können explodieren, und früher litten die Bergleute an Krankheiten, weil sie Staub eingeatmet hatten. Deshalb wird die Kohle, wo immer sie herausgebrochen oder befördert wird, mit Wasser besprüht.

19

Der Panzer

Vor fünfhundert Jahren ersann der italienische Künstler und Erfinder Leonardo da Vinci (1452-1519) schreckliche Kriegsmaschinen. Sie konnten mühelos über schlammige Schlachtfelder fahren, und eine Metallpanzerung schützte sie bei Angriffen. Zu Beginn des Zweiten Weltkriegs, 1939, hatten sich die Armeen ganz Europas mit einer großen Zahl von Panzern ausgerüstet. Diese gewaltigen Kriegsmaschinen waren Vollkettenfahrzeuge, die bei jedem Wetter durch jedes Gelände fahren konnten.

In einem Panzer wie dem hier abgebildeten sowjetischen T-34 zu kämpfen, war furchtbar. Im Inneren war es unglaublich eng, laut und unbequem. Die Besatzung war zwischen Munition und Brennstoff eingepfercht; ein Volltreffer bedeutete deshalb im allgemeinen, daß der Panzer explodierte oder in Brand geriet. Trotzdem erwies er sich militärisch als großer Erfolg.

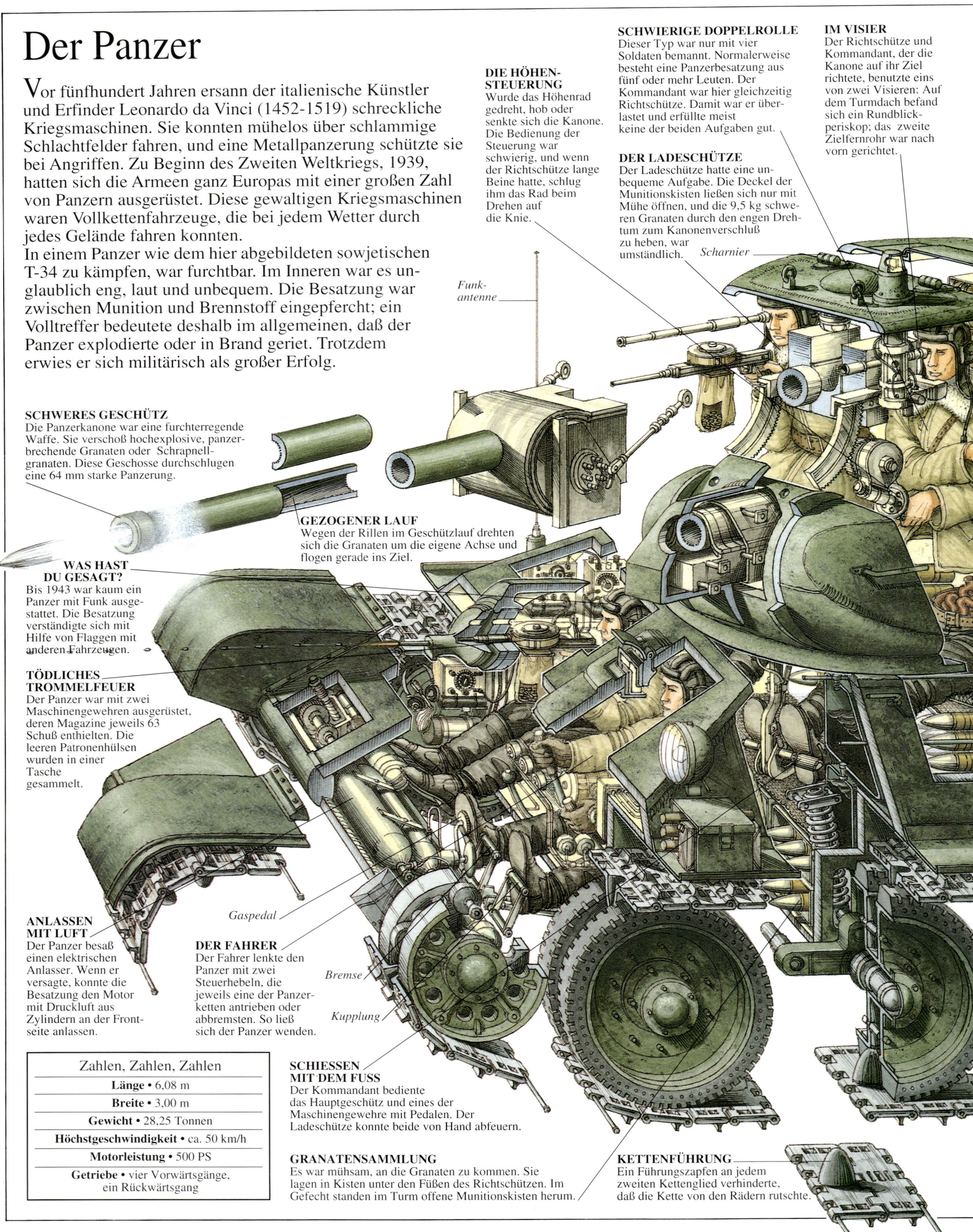

DIE HÖHEN-STEUERUNG
Wurde das Höhenrad gedreht, hob oder senkte sich die Kanone. Die Bedienung der Steuerung war schwierig, und wenn der Richtschütze lange Beine hatte, schlug ihm das Rad beim Drehen auf die Knie.

Funk-antenne

SCHWIERIGE DOPPELROLLE
Dieser Typ war nur mit vier Soldaten bemannt. Normalerweise besteht eine Panzerbesatzung aus fünf oder mehr Leuten. Der Kommandant war hier gleichzeitig Richtschütze. Damit war er überlastet und erfüllte meist keine der beiden Aufgaben gut.

DER LADESCHÜTZE
Der Ladeschütze hatte eine unbequeme Aufgabe. Die Deckel der Munitionskisten ließen sich nur mit Mühe öffnen, und die 9,5 kg schweren Granaten durch den engen Drehturm zum Kanonenverschluß zu heben, war umständlich.

Scharnier

IM VISIER
Der Richtschütze und Kommandant, der die Kanone auf ihr Ziel richtete, benutzte eins von zwei Visieren: Auf dem Turmdach befand sich ein Rundblickperiskop; das zweite Zielfernrohr war nach vorn gerichtet.

SCHWERES GESCHÜTZ
Die Panzerkanone war eine furchterregende Waffe. Sie verschoß hochexplosive, panzerbrechende Granaten oder Schrapnellgranaten. Diese Geschosse durchschlugen eine 64 mm starke Panzerung.

GEZOGENER LAUF
Wegen der Rillen im Geschützlauf drehten sich die Granaten um die eigene Achse und flogen gerade ins Ziel.

WAS HAST DU GESAGT?
Bis 1943 war kaum ein Panzer mit Funk ausgestattet. Die Besatzung verständigte sich mit Hilfe von Flaggen mit anderen Fahrzeugen.

TÖDLICHES TROMMELFEUER
Der Panzer war mit zwei Maschinengewehren ausgerüstet, deren Magazine jeweils 63 Schuß enthielten. Die leeren Patronenhülsen wurden in einer Tasche gesammelt.

ANLASSEN MIT LUFT
Der Panzer besaß einen elektrischen Anlasser. Wenn er versagte, konnte die Besatzung den Motor mit Druckluft aus Zylindern an der Frontseite anlassen.

Gaspedal

DER FAHRER
Der Fahrer lenkte den Panzer mit zwei Steuerhebeln, die jeweils eine der Panzerketten antrieben oder abbremsten. So ließ sich der Panzer wenden.

Bremse

Kupplung

Zahlen, Zahlen, Zahlen	
Länge	6,08 m
Breite	3,00 m
Gewicht	28,25 Tonnen
Höchstgeschwindigkeit	ca. 50 km/h
Motorleistung	500 PS
Getriebe	vier Vorwärtsgänge, ein Rückwärtsgang

SCHIESSEN MIT DEM FUSS
Der Kommandant bediente das Hauptgeschütz und eines der Maschinengewehre mit Pedalen. Der Ladeschütze konnte beide von Hand abfeuern.

GRANATENSAMMLUNG
Es war mühsam, an die Granaten zu kommen. Sie lagen in Kisten unter den Füßen des Richtschützen. Im Gefecht standen im Turm offene Munitionskisten herum.

KETTENFÜHRUNG
Ein Führungszapfen an jedem zweiten Kettenglied verhinderte, daß die Kette von den Rädern rutschte.

FALSCH GEPLANT
Das Turmluk öffnete sich nach vorn und versperrte dann den Blick in Fahrtrichtung. Deshalb konnten sowjetische Panzerkommandanten das Gefecht nicht vom geöffneten Luk aus verfolgen, ohne sich selbst feindlichem Feuer auszusetzen.

EIN STARKER TURM
Im Drehturm des T-34 war die große Kanone untergebracht, und er konnte sich um die eigene Achse drehen. Er bestand aus sehr hartem Panzerstahl.

Drehstrom-motor

RAUHES ÄUSSERES
Verglichen mit deutschen und englischen Panzern war die Verarbeitung des T 34 recht roh. Die Mittel waren sehr knapp, deshalb wurde in den Fabriken nur dort geschliffen und poliert, wo es unbedingt nötig war. Aber das „unfertige" Aussehen tat der Durchschlagskraft des Panzers keinen Abbruch.

UM DIE EIGENE ACHSE
Der Turm wurde von einem eigenen Motor geschwenkt, außerdem konnte er auch mit der Hand bewegt werden. Allerdings befand sich das Handrad an einer wenig praktischen Stelle, denn der Richtschütze mußte sich hinüberlehnen und es mit der rechten Hand bedienen.

BEGRENZTES GESICHTSFELD
Der Kommandant sah das Schlachtfeld durch ein Periskop, allerdings war sein Gesichtsfeld ziemlich begrenzt.

DIE LETZTE RETTUNG
Gingen der Panzerbesatzung Granaten und Munition für ihre Maschinengewehre aus, verteidigte sie sich mit Handfeuerwaffen, die sie durch diese winzigen Öffnungen abschoß.

PLATZ IM TURM
Die Turmbesatzung saß auf Sitzen, die direkt am Turm befestigt waren. Drehte sich der Turm, drehten sie sich mit.

Brennstoff-tank

JEDE MENGE KRAFT
Der 39-Liter-Motor vom Typ V 12 hatte eine Leistung von 500 PS. Auf ebener Strecke erreichte der Panzer eine Geschwindigkeit von bis zu 50 km/h.

Motor-luftfilter

Motor-abdeckung

Lüftungs-gebläse

Auspuff

Eine tödliche Waffe

Als der sowjetische Panzer T-34 1941 zum ersten Mal auftauchte, war er zweifellos der am besten geplante Panzer der Welt. Er war äußerst beweglich, besaß ein starkes Geschütz und eine sehr feste Panzerung. Leider war die Fertigung der Panzer in größter Eile erfolgt, deshalb waren einige Teile sehr grob und von minderer Qualität. Außerdem dauerte die Ausbildung der Besatzungen oft nur 72 Stunden, ehe sie ins Gefecht geschickt wurde.

KEIN WC!
Ihr habt sicher schon bemerkt, daß es im Panzer keine Toilette gab. Die Besatzung stieg entweder aus oder benutzte einen leere Granathülse, wenn dringende „Geschäfte" zu erledigen waren.

DAS GETRIEBE
Das Getriebe des T-34 war zu Wartungszwecken leicht zugänglich. Das war ein Glück, denn die ersten Exemplare wiesen ernsthafte Defekte auf. 1941 lagen mehr Panzer wegen Getriebeschaden still als durch feindliche Einwirkungen.

ERSTAUNLICHE PANZERUNG
Dank der hohen Qualität seiner Panzerung konnte der T-34 Angriffe besser überstehen als die deutschen Panzer vom Typ Pz Kpfw III, denen er in der Schlacht gegenüberstand. Vorn am Turm war die Panzerung anfangs 45 mm stark, später wurde sie auf 65 mm verstärkt.

Abschlepp-seile

PACKENDE GREIFER
Mit Bolzen angebrachte Greifer an den Ketten gaben in Schlamm oder Schnee zusätzlichen Halt.

DIE RÄDER
Wegen der Gummiknappheit wurden die ersten T-34-Panzer 1942 mit festen Metallrädern ausgerüstet. Diese lösten aber so starke Vibrationen aus, daß sich Teile lösten. Man löste das Problem durch Gummiprofile auf dem ersten und fünften Rad.

WEICHE FEDERN
Dank der Federung war eine Fahrt im Panzer bequem, aber sie erschwerte das genaue Richten der Kanone beim Fahren. In modernen Panzern hat man dieses Problem mit besonderen Vorrichtungen gelöst, die die Kanone stabilisieren.

SPUREN
Die breiten Kettenglieder aus Manganstahl verteilten das gewaltige Gewicht des Panzers, damit er nicht im Schlamm versank. Der Druck auf den Boden war sehr gering – ungefähr nur doppelt so stark wie der Druck unter dem Tritt eines Menschen und weniger als halb so stark wie unter einem PKW-Reifen.

Die Bohrinsel

Nichts ist einfacher, als den Benzintank eines Autos zu füllen. Aber die Gewinnung von Erdöl, das dann zu Benzin weiterverarbeitet wird, ist viel schwieriger. Stell dir einmal vor, du stehst auf einer zwei Meter hohen Stufenleiter, die größtenteils unter Wasser ist. Von da oben sollst du ein bleistiftgroßes Loch in den Boden bohren. Dazu brauchst du einen sehr langen Bohrer, denn das Loch soll 30 Meter tief werden. Hört sich mühsam an? Auf hoher See nach Öl zu bohren ist

noch viel schwieriger! Die Ölvorräte der Welt sind zum größten Teil unter dem Meeresboden verborgen. Die riesigen Ölförderplattformen können über 215 m hoch sein, aber nur ein Viertel davon ragt über die Wellen hinaus. Der Rest besteht aus einem starken Rahmen, der auf dem Meeresgrund verankert ist. Die Plattform trägt den Bohrturm, die Ausrüstung sowie Vorratstanks, Pumpen und den Wohnbereich der Arbeiter, die jeweils zwei Wochen durchgehend auf der Bohrinsel leben.

Nach Erdöl bohren

Der Teil der Plattform, der in die Tiefe bis zu den Öllagerstätten vordringt, heißt Rig. Dessen Motor bewegt einen Drehtisch, der seinerseits eine lange Welle, das Bohrgestänge, dreht, an dessen Ende sich die stählerne Bohrkrone befindet. Sie ist mit harten Zähnen bestückt, die sich durch das Gestein fressen. Wird die Bohrung tiefer, verlängern die Arbeiter das Bohrgestänge um jeweils neun Meter lange Stücke. Der auffälligste Teil der gesamten Plattform ist der 60 Meter hohe Turm. Er trägt die Winde und den Kran, die das Bohrgestänge halten. Das Gestänge wiegt mehrere hundert Tonnen, und der Kran muß in der Lage sein, es komplett aus dem Bohrloch zu ziehen.

Beim Bohren wird eine Chemikalienmischung, die Spülflüssigkeit, im Bohrgestänge hinuntergepumpt, die den Bohrkopf kühlt und Gestein (Bohrklein) nach oben bringt. Im Spülrohr gelangt die Spülflüssigkeit wieder nach oben auf die Plattform. Nach dem Filtern wird sie erneut benutzt.

Trifft ein Bohrer auf Erdöl, wird die Rohrleitung zur sprudelnden Ölquelle. An einem oberen Ende werden Ventile angebracht, die den Ölstrom regulieren. Eine einzige Förderplattform kann bis zu 30 oder 40 Quellen haben.

Trifft die Bohrkrone auf unter Druck stehendes Erdöl oder Gas, kann es zu einem Ausbruch kommen – Öl oder Gas schießt durch das Bohrrohr nach oben und sprudelt hervor. Ein Bohrlochverschluß verhindert das.

RUND UM DIE UHR
Die Küchen auf der Plattform sind Tag und Nacht in Betrieb. Die Förderung läuft ununterbrochen, und ständig arbeiten Menschen.

DER LADEPLATZ
Ist das Wetter so ruhig, daß sich Schiffe der Plattform nähern können, werden Vorräte von einem Kran auf die Bohrinsel gehievt.

DER WOHNBEREICH
Auf der Bohrinsel leben über 100 Arbeiter. Sie wohnen und arbeiten dort zwei Wochen lang, deshalb wurde an alles gedacht, was sie für Arbeit und Freizeit brauchen.

DER LANDEPLATZ
Bei schlechtem Wetter kann sich kein Schiff der Plattform nähern, deshalb ist der Hubschrauber die einzige Verbindung zum Festland.

DIE KOMMANDOZENTRALE
Von hier aus wird die gesamte Tätigkeit auf der Plattform überwacht und gesteuert. Computer helfen beim Regulieren des Gas- und Erdölstroms.

DAS BORDKINO
Langeweile ist ein großes Problem für die Arbeiter draußen auf See. Ein Kino hilft die Zeit vertreiben.

DAS KRAFTWERK
Elektrischer Strom sorgt für Heizung und Beleuchtung und treibt die Pumpen, die Gas und Öl an Land befördern.

HARTGESOTTEN
Die Arbeiter am Bohrgestänge gelten als rauhe Gesellen.

RETTUNGSBOOTE
Dieses Rettungsboot kann am Bohrgestänge ins Wasser hinabgelassen werden. Andere Boote gleiten eine Rampe hinunter und ermöglichen so eine schnelle Flucht.

FESTE STÜTZEN
Die Decks der Plattform ruhen auf starken Stahlträgern.

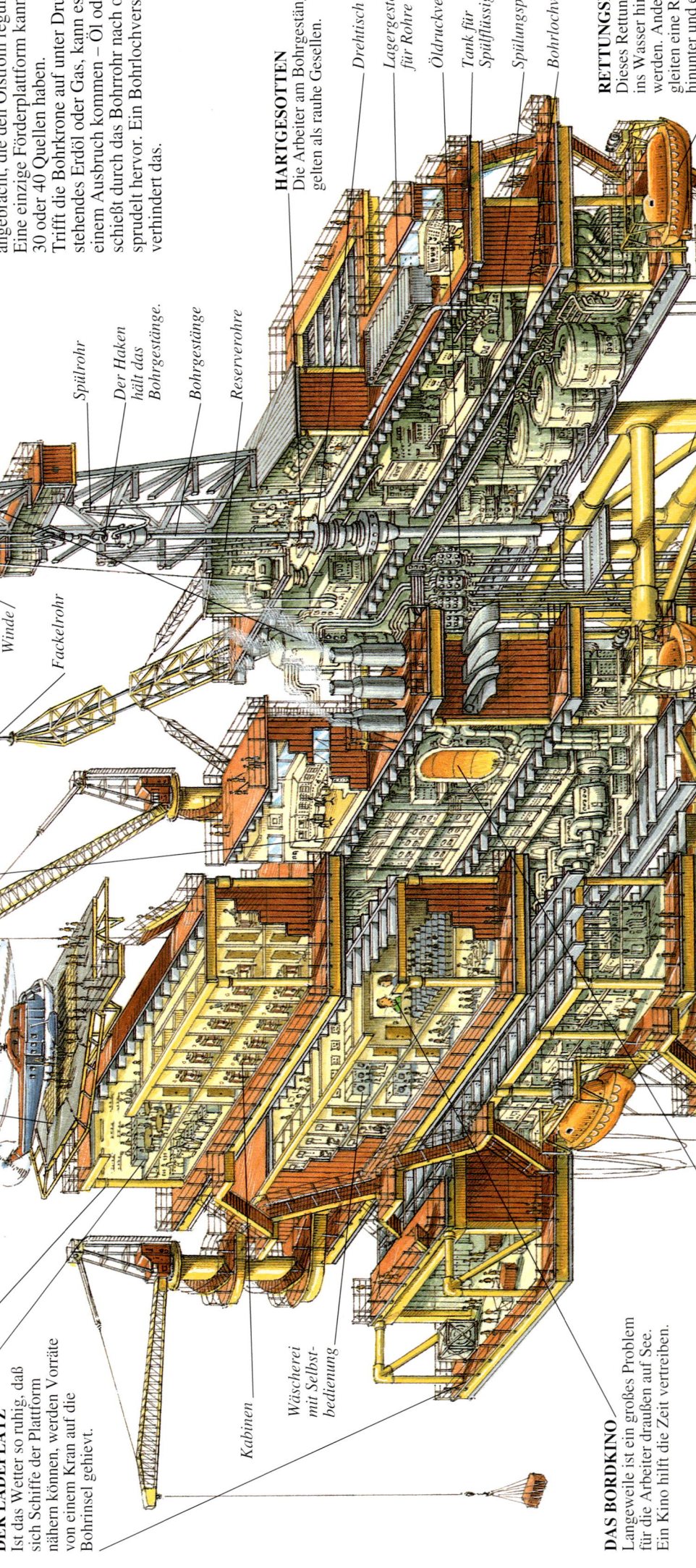

GAS
Aus den meisten Ölquellen strömt neben Öl auch Erdgas. Mit dem Gas wird das Kraftwerk auf der Plattform betrieben. Überschüssiges Gas wird am Fackelrohr des Förderturms verbrannt.

Bohrturm

Spülrohr

Der Haken hält das Bohrgestänge.

Bohrgestänge

Reserverohre

Drehtisch

Lagergestell für Rohre

Öldruckventile

Tank für Spülflüssigkeit

Spülungspumpe

Bohrlochverschluß

Winde

Fackelrohr

Wäscherei mit Selbstbedienung

Kabinen

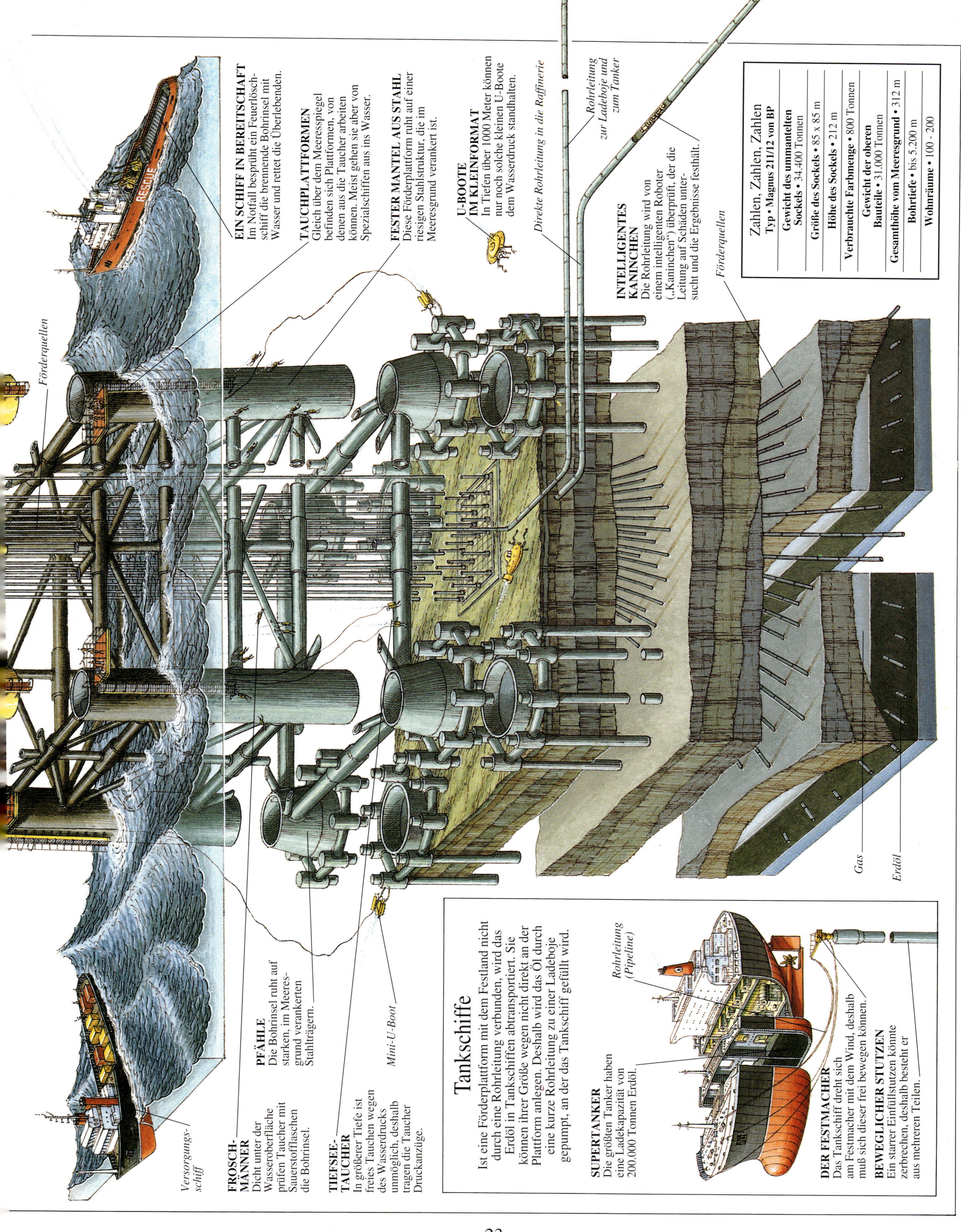

Förderquellen

Versorgungsschiff

FROSCH-MÄNNER
Dicht unter der Wasseroberfläche prüfen Taucher mit Sauerstoffflaschen die Bohrinsel.

PFÄHLE
Die Bohrinsel ruht auf starken, im Meeresgrund verankerten Stahlträgern.

TIEFSEE-TAUCHER
In größerer Tiefe ist freies Tauchen wegen des Wasserdrucks unmöglich, deshalb tragen die Taucher Druckanzüge.

Mini-U-Boot

EIN SCHIFF IN BEREITSCHAFT
Im Notfall besprüht ein Feuerlöschschiff die brennende Bohrinsel mit Wasser und rettet die Überlebenden.

TAUCHPLATTFORMEN
Gleich über dem Meeresspiegel befinden sich Plattformen, von denen aus die Taucher arbeiten können. Meist gehen sie aber von Spezialschiffen aus ins Wasser.

FESTER MANTEL AUS STAHL
Diese Förderplattform ruht auf einer riesigen Stahlstruktur, die im Meeresgrund verankert ist.

U-BOOTE IM KLEINFORMAT
In Tiefen über 1000 Meter können nur noch solche kleinen U-Boote dem Wasserdruck standhalten.

Direkte Rohrleitung in die Raffinerie

Rohrleitung zur Ladeboje und zum Tanker

INTELLIGENTES KANINCHEN
Die Rohrleitung wird von einem intelligenten Roboter („Kaninchen") überprüft, der die Leitung auf Schäden untersucht und die Ergebnisse festhält.

Förderquellen

Gas

Erdöl

Zahlen, Zahlen, Zahlen

Typ • Magnus 211/12 von BP
Gewicht des ummantelten Sockels • 34.400 Tonnen
Größe des Sockels • 85 x 85 m
Höhe des Sockels • 212 m
Verbrauchte Farbmenge • 800 Tonnen
Gewicht der oberen Bauteile • 31.000 Tonnen
Gesamthöhe vom Meeresgrund • 312 m
Bohrtiefe • bis 5.200 m
Wohnräume • 100 - 200

Tankschiffe

Ist eine Förderplattform mit dem Festland nicht durch eine Rohrleitung verbunden, wird das Erdöl in Tankschiffen abtransportiert. Sie können ihrer Größe wegen nicht direkt an der Plattform anlegen. Deshalb wird das Öl durch eine kurze Rohrleitung zu einer Ladeboje gepumpt, an der das Tankschiff gefüllt wird.

Rohrleitung (Pipeline)

SUPERTANKER
Die größten Tanker haben eine Ladekapazität von 200.000 Tonnen Erdöl.

DER FESTMACHER
Das Tankschiff dreht sich am Festmacher mit dem Wind, deshalb muß sich dieser frei bewegen können.

BEWEGLICHER STUTZEN
Ein starrer Einfüllstutzen könnte zerbrechen, deshalb besteht er aus mehreren Teilen.

Die Kathedrale

Die hoch über der Stadt dem Himmel zustrebenden Türme und Dächer einer Kathedrale bieten einen atemberaubenden Anblick. Das gilt auch für das Innere der Kirche. Der Besucher bestaunt die bunten Glasfenster und die wunderschönen Stein- und Holzarbeiten und -schnitzereien mit ihren verschlungenen Formen und Mustern. Heute wäre der Bau einer Kathedrale eine gewaltige und sehr teure Angelegenheit. Als die großen Kathedralen Europas vor mehreren Jahrhunderten entstanden, mußte alles noch mühselig von Hand behauen und geschnitzt werden. Die damaligen Erbauer dachten nicht an moderne Touristen, als sie ihr Werk in Angriff nahmen. Sie wollten einen Ort des Gebetes und der Verehrung schaffen, alles zum Ruhm des Herrn.

Auch heute spielen Kathedralen in der christlichen Religion eine bedeutsame Rolle. Jede bildet den geistlichen Mittelpunkt einer Diözese, eines kirchlichen Verwaltungsbezirks.

Lange Bauzeit

Der Bau einer Kathedrale dauerte oft über hundert Jahre. Meistens gehörte der Kirchturm nicht zum ursprünglichen Entwurf, sondern kam erst später hinzu. Manchmal drückte der schwere Turm mit seinem Gewicht so sehr auf die Mauern und Bögen der Kathedrale, daß er sie zum Einsturz brachte.

Blick auf die Kathedrale kurz nach ihrer Vollendung

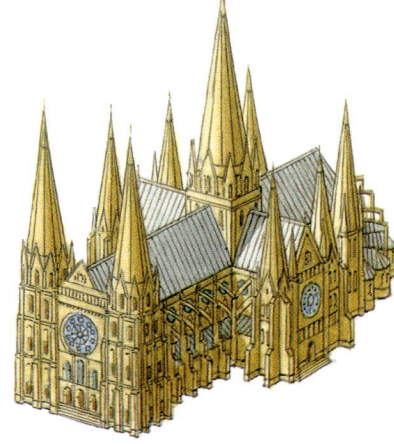

Einige Generationen später war die Kathedrale oft um einen Turm erweitert worden und vereinigte unter ihrem Dach häufig verschiedene Baustile.

WOHLKLINGENDE GLOCKEN
Hoch oben im Turm hingen Glocken, die die Menschen zum Gottesdienst riefen. Die größte wog oft über eine Tonne. Mehrere Glocken mit verschiedenen Tönen bezeichnet man als Geläut. Sie können in unendlich vielen Variationen erklingen.

VIELE WASSERSPEIER
Das Regenwasser vom Dach spritzte aus dem Mund grotesker Steinfiguren, der Wasserspeier.

DAS GEWICHT VERTEILEN
Um das Gewicht des Daches abzustützen, verwendeten die Erbauer der Kathedralen Strebepfeiler, große Steinsäulen, die von außen an die Kathedrale angefügt wurden. Sie verteilten das Gewicht der Steinmassen und leiteten es auf den Boden um.

DAS TRIFORIUM
Auf halber Höhe verläuft im Inneren das Triforium, ein Säulengang.

VIELE NISCHEN
An der Frontfassade stehen zahlreiche Standbilder, jedes in einer Nische. Heute sind sie meist naturfarben, früher waren sie mit leuchtenden Farben bemalt.

DAS HAUPTPORTAL
Der Haupteingang liegt zumeist an der Westseite der Kirche.

Strebepfeiler

DAS MITTELSCHIFF
Die Gläubigen, die zum Gebet in die Kathedrale kommen, betreten zunächst das Schiff, den Hauptraum der Kathedrale. Heute stehen hier im allgemeinen Bänke, aber jahrhundertelang war das Schiff ein offener Bereich, in dem die Gläubigen standen.

TREPPAUF, TREPPAB
Auf das Dach gelangte man nur über unzählige Stufen. Das ist ein Grund dafür, daß so viele Kathedralen durch Feuer zerstört wurden. Um die Flammen zu löschen, reichten die Menschen Wassereimer von Hand zu Hand. Bis die Eimer den Brandherd erreicht hatten, war ein Großteil des Wassers verschüttet.

EIN LABYRINTH AM BODEN
In vielen mittelalterlichen Kathedralen war ein Labyrinth in den Fußboden eingelassen. Ein Gang durch diesen „Irrgarten" sollte vermutlich eine Pilgerfahrt nach Jerusalem im heiligen Land versinnbildlichen.

DIE KRYPTA
Im Kellergeschoß der Kathedrale befand sich häufig eine weitere, kleinere Kirche, die Krypta. Oft wurden dort kirchliche Würdenträger und andere wichtige Personen bestattet.

DIE ORGEL
Schon seit Jahrhunderten spielt Musik im christlichen Gottesdienst eine bedeutsame Rolle. Zum ersten Mal erklang Orgelmusik in den Kathedralen Europas vor über tausend Jahren.

DIE DACH-KONSTRUKTION
Das Dach der Kathedrale besteht aus mächtigen Holzbalken und schmaleren Holzlatten. Eine Blei- oder Kupfer-schicht macht das Dach wasserdicht.

LEUCHTENDES GLAS
Die bunten Glasfenster bestanden aus Tausenden einzelner Glas-stücke. Jedes Fenster erzählte eine Bibelgeschichte in Bildern.

Ziegel-gewölbe

DER CHOR
Der Bereich der Kathedrale, in dem der Chor stand, um zu singen, heißt ebenfalls Chor. Chor und Altar waren vom Mittelschiff durch eine Trennwand, den Lettner, abgeteilt.

Wer tut was in und an der Kathedrale?

  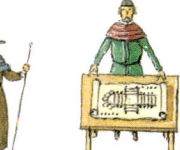 

Bischof   *Priester und Kanoniker*   *Pilger*   *Baumeister*   *Holzhacker*   *Einrichter*   *Glaser*   *Schmied*   *Arbeiter*

Steinhauer   Klempner   Säger   Zimmermann

Der **Bischof** leitete den Gottesdienst in der Kathedrale. Bei der Vorbereitung zum Gottesdienst standen ihm **Priester** und **Kanoniker** sowie **Mönche** zur Seite, wenn die Kathedrale zu einem Kloster gehörte.
Der **Baumeister**, der den Bau entwarf, leitete die **Maurer** und **Steinmetzen** an. **Steinhauer** gaben den Steinen ihre Form, und **Einrichter** verlegten sie am Bau. Die **Säger** bereiteten das Holz zu, und der **Zimmermann** stellte alle Holzteile der Kathedrale einschließlich des Baugerüstes her, auf dem die anderen arbeiteten. **Schmiede** schufen die Metallteile und **Glaser** die wunderschönen Fenster.

VOM VOLK GETRENNT
Es war üblich, daß Bischof und Priester den Gottes-dienst in der Kathderale vom Chorraum her leiteten, einem Bereich am Ostende, in dem der Altar stand.

DER ALTAR
Der Altar war der zentrale Punkt der Kathedrale. Er stand an dem Ort, an dem die Sonne am Tag des Schutzheiligen der Kathedrale aufging. Der Tag des heiligen Patricius fällt zum Beispiel auf den 17. März, deshalb richtete sich der Standort des Altars in einer dem hl. Patricius geweihten Kathedrale nach dem Sonnenaufgang am 17. März.

BÖGEN AUS STEIN
Um sicherzustellen, daß die einzelnen Steine zusammen-paßten, verwendeten die Steinmetze paßgerechte Schablonen aus Holz. Nach diesen Mustern behauten sie die Steine.

DIE APSIS
Das Ostende der Kathedrale, Apsis genannt, ist oft halbrund ausgeführt. Der Altar steht in der Mitte der Apsis.

DIE MARIENKAPELLE
In vielen Kathedralen gibt es auch Kapellen, die der Jungfrau Maria, der Mutter Jesu Christi, geweiht sind.

ARKADEN
Um die Apsis führt eine Arkade (ein Wandel-gang) herum.

VOTIVKAPELLEN
Wohlhabende Förderer der Kathedrale stifteten oft Geld zum Bau einer Kapelle zu ihrem Andenken nach ihrem Tod. Außerdem bezahlten sie einen Priester, der dort die Messe für sie lesen sollte, denn so kamen sie ihrer Meinung nach schneller in den Himmel.

FESTE FUNDAMENTE
Für den Bau jeder Kathedrale wurden Unmengen von Stein gebraucht. Starke Fundamente trugen das gewaltige Ge-wicht des Bauwerks.

GENAUE PASSFORM
Die Steine der Kathedrale waren größtenteils vorgefertigt: Die Steinmetzen gaben ihnen schon im Steinbruch ihre ungefähre Form und vollendeten sie auf der Baustelle.

DAS QUERSCHIFF
Das Querschiff kreuzt das Haupt- oder Mittelschiff. Ihm verdankt die Kathe-drale ihre Kreuzform, die die Christen an das Holzkreuz erinnern soll, an das Christus geschlagen wurde.

MENSCHENSCHLANGEN
Unzählige Touristen besichtigen die großen Kathedralen in ganz Europa, in denen sie die herrliche Handwerkerarbeit bestaunen. Auch in der Vergangenheit war es in den Kathe-dralen gedrängt voll, aber von Pilgern – Menschen, die von einer Kathedrale zur anderen wanderten, um dort zu beten und am Gottesdienst teilzunehmen.

SCHREINE IN DER KIRCHE
In vielen Kathedralen gab es einen oder mehrere Schreine, Behältnisse, die Reliquien enthielten, beispielsweise die Gebeine eines Heiligen oder ein Stück vom Kreuz Christi. Viele Menschen gingen in eine Kathedrale, um an berühmten Schreinen zu beten.

Der Jumbo-Jet

Stell dir einmal eine Kleinstadt vor, deren Einwohner plötzlich vom Boden abheben und mit einer Geschwindigkeit von mehreren hundert Kilometern pro Stunde durch die Luft fliegen. Stell dir weiter vor, daß diese fliegende Stadt mit Strom, Heizung und Abwasseranlagen sowie Nahrungsmitteln und Getränken für einen ganzen Tag ausgerüstet ist. Und nun denk dir Hunderte solcher Städte, die hohe Gebirge, tiefe Ozeane und ewiges Eis überfliegen. Sie befördern ihre menschliche Fracht nach einem genauen Zeitplan und sehr viel sicherer als jeder

PKW. So eine fliegende Stadt ist kein Phantasiegebilde, sondern eine Boeing 747, auch Jumbo-Jet genannt. Sie ist das größte Passagierflugzeug der Welt, das über 400 Personen befördern kann. 1969 wurde die 747 in Betrieb genommen. Das hier abgebildete Flugzeug war eines der ersten – die N732 von PanAm. Seither sind mit der 747 rund eine Milliarde Menschen über 24 Milliarden Kilometer geflogen – das ist so, als sei jeder Erdbewohner 6000 Mal zum Mond und wieder zurück geflogen.

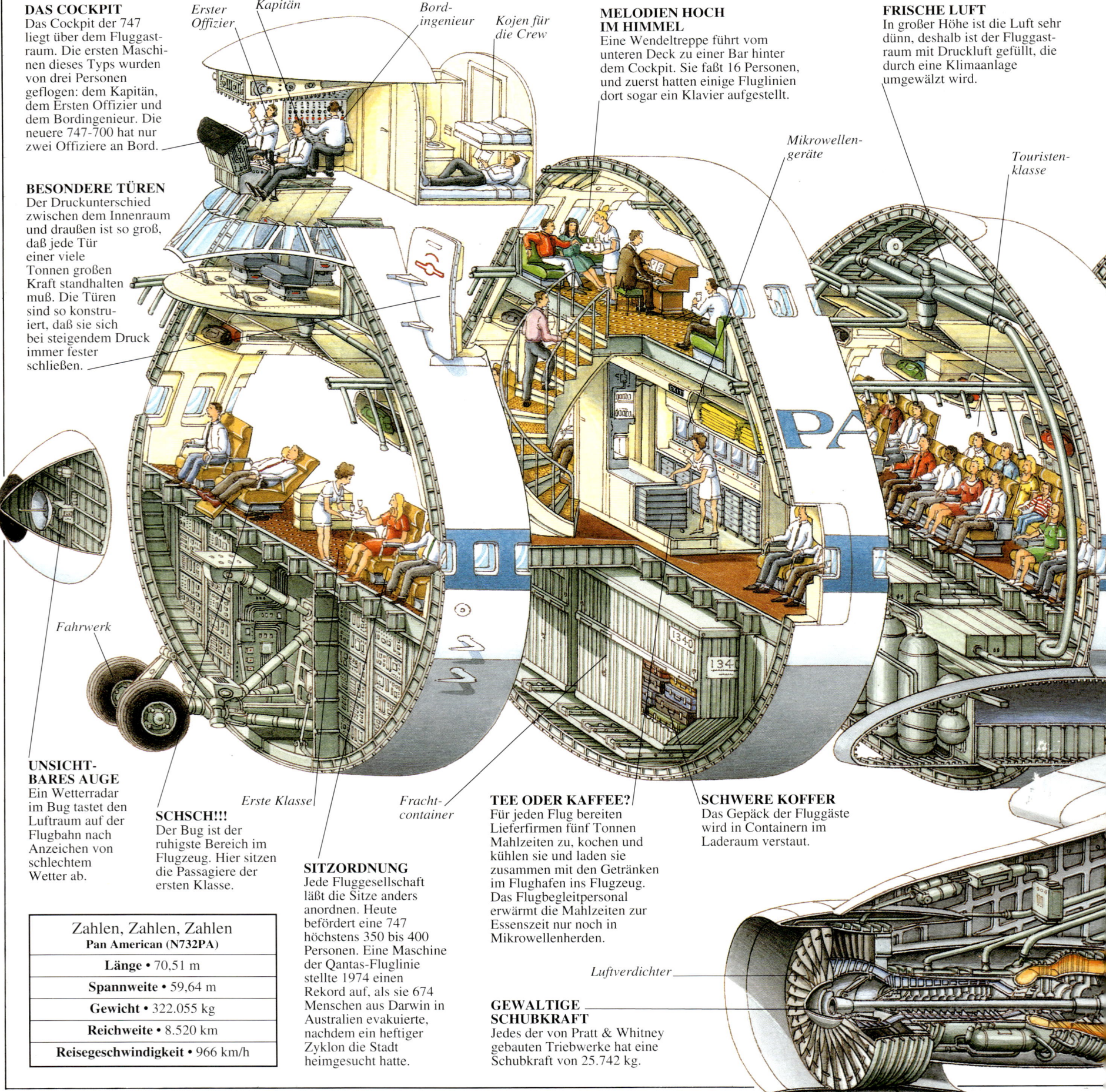

DAS COCKPIT
Das Cockpit der 747 liegt über dem Fluggastraum. Die ersten Maschinen dieses Typs wurden von drei Personen geflogen: dem Kapitän, dem Ersten Offizier und dem Bordingenieur. Die neuere 747-700 hat nur zwei Offiziere an Bord.

Erster Offizier *Kapitän* *Bordingenieur* *Kojen für die Crew*

BESONDERE TÜREN
Der Druckunterschied zwischen dem Innenraum und draußen ist so groß, daß jede Tür einer viele Tonnen großen Kraft standhalten muß. Die Türen sind so konstruiert, daß sie sich bei steigendem Druck immer fester schließen.

Fahrwerk

UNSICHTBARES AUGE
Ein Wetterradar im Bug tastet den Luftraum auf der Flugbahn nach Anzeichen von schlechtem Wetter ab.

SCHSCH!!!
Der Bug ist der ruhigste Bereich im Flugzeug. Hier sitzen die Passagiere der ersten Klasse.

Erste Klasse *Fracht-container*

SITZORDNUNG
Jede Fluggesellschaft läßt die Sitze anders anordnen. Heute befördert eine 747 höchstens 350 bis 400 Personen. Eine Maschine der Qantas-Fluglinie stellte 1974 einen Rekord auf, als sie 674 Menschen aus Darwin in Australien evakuierte, nachdem ein heftiger Zyklon die Stadt heimgesucht hatte.

MELODIEN HOCH IM HIMMEL
Eine Wendeltreppe führt vom unteren Deck zu einer Bar hinter dem Cockpit. Sie faßt 16 Personen, und zuerst hatten einige Fluglinien dort sogar ein Klavier aufgestellt.

Mikrowellengeräte

TEE ODER KAFFEE?
Für jeden Flug bereiten Lieferfirmen fünf Tonnen Mahlzeiten zu, kochen und kühlen sie und laden sie zusammen mit den Getränken im Flughafen ins Flugzeug. Das Flugbegleitpersonal erwärmt die Mahlzeiten zur Essenszeit nur noch in Mikrowellenherden.

Luftverdichter

GEWALTIGE SCHUBKRAFT
Jedes der von Pratt & Whitney gebauten Triebwerke hat eine Schubkraft von 25.742 kg.

FRISCHE LUFT
In großer Höhe ist die Luft sehr dünn, deshalb ist der Fluggastraum mit Druckluft gefüllt, die durch eine Klimaanlage umgewälzt wird.

Touristenklasse

SCHWERE KOFFER
Das Gepäck der Fluggäste wird in Containern im Laderaum verstaut.

Zahlen, Zahlen, Zahlen	
Pan American (N732PA)	
Länge • 70,51 m	
Spannweite • 59,64 m	
Gewicht • 322.055 kg	
Reichweite • 8.520 km	
Reisegeschwindigkeit • 966 km/h	

Ein Gigant der Luft

Die Boeing 747 beeindruckt allein schon durch ihre Größe. Die Touristenklasse im Fluggastraum ist länger als die Strecke des ersten Fluges, die die Brüder Wright 1903 in Kitty Hawk in North Carolina, USA, zurücklegten.

HOCH ÜBER DEM BODEN
Bei der Boeing 747 ragt die Spitze des Seitenruders 19 Meter in die Höhe. Das entspricht dem sechsten Stock eines hohen Hauses. Mit dem Seitenruder führt die Maschine Schwenks nach rechts und links aus.

AB INS BETT!
Für den Fall, daß Besatzungsmitglieder müde werden, gibt es an Bord ein Abteil mit Betten, in denen sie sich ausruhen können, wenn sie keinen Dienst haben.

Oberes Seitenruder

Unteres Seitenruder

LUFTIGE WC'S
In den meisten Jumbo-Jets gibt es 12 bis 14 Toiletten. Die Luft wird direkt nach außen abgeleitet, so daß die übrigen Passagiere nicht gestört werden.

DER RUMPF
Die Boeing 747 besteht größtenteils aus einer Aluminiumlegierung, deren Gewicht nur ein Drittel einer vergleichbaren Stahlkonstruktion ausmacht.

JEDE MENGE GEPÄCK
Die Fächer über den Sitzen sind für Mäntel und Handgepäck bestimmt. Ursprünglich öffneten sich die Fächer alle nach unten, in letzter Zeit wurden sie umgebaut, damit sie sich nach oben öffnen.

732P

DAS HILFSSTROMAGGREGAT
Ganz hinten im Flugzeug befindet sich eine kleine Gasturbine, die Strom für die verschiedenen Anlagen erzeugt, während das Flugzeug auf dem Boden steht.

DIE FÄKALIENTANKS
Wird die Toilette gespült, fließt alles in spezielle Fäkalientanks. Sobald das Flugzeug gelandet ist, werden sie von einem Spezialfahrzeug geleert.

Touristenklasse

FARBE AUF DER AUSSENHAUT
Um den Rumpf einer 747 anzustreichen, braucht man fast 350 Liter Farbe – genug für den Innenanstrich von vier Einfamilienhäusern.

TREIBSTOFFTANKS IN DEN FLÜGELN
Die Flügel sind innen hohl. Die Kammern im Inneren erhöhen die Stabilität der Flügel. Sie sind während des Fluges mit Treibstoff gefüllt. Diese Tanks fassen sage und schreibe 178.709 Liter. Mit dieser Brennstoffmenge könnte ein kleiner Familienwagen mehr als 2,4 Millionen Kilometer oder über 60mal um die ganze Welt fahren.

DIE LANDEKLAPPEN
Die Trimmklappen und Querruder an der Rückseite der Tragflächen bremsen die Maschine bei der Landung ab, indem sie den Auftrieb verringern.

DAS FAHRWERK
Die Boeing 747 besitzt 18 Räder, die beim Fliegen alle sauber im Rumpf verschwinden. Die Reifen müssen einen rund neunmal stärkeren Druck aushalten als gewöhnliche Autoreifen.

PHANTASTISCHE FLÜGEL
Die Flügel verdanken ihre Stärke ihrer Elastizität. Die Flügelspitzen der 747 biegen sich 8 Meter durch, bevor sie brechen. Um sie aber so weit zu biegen, wäre eine sehr viel größere Kraft nötig als sie normalerweise auftritt.

Die Autofabrik

Manche Menschen würden sagen, daß Roboter ideale Fabrikarbeiter sind. Sie brauchen keine Essenspause, sie werden nicht krank oder müde, und die Arbeit wird ihnen nie langweilig. Sie eignen sich besonders gut für Fabriken, in denen viele ähnliche Produkte, wie zum Beispiel Autos, hergestellt werden. In einer Automobilfabrik können Roboter fast alle sich wiederholenden Arbeitsvorgänge übernehmen,

die auch körperlich ermüdend sind. Sie heben, montieren, schweißen, lackieren und führen viele weitere Arbeitsgänge aus. Roboter eignen sich aber nicht besonders dazu, Probleme zu lösen. Läuft etwas falsch, wissen sie nicht mehr weiter. Deshalb werden in modernen Fabriken noch immer Menschen zur Qualitätskontrolle und zur Überwachung des Produktionsablaufs gebraucht.

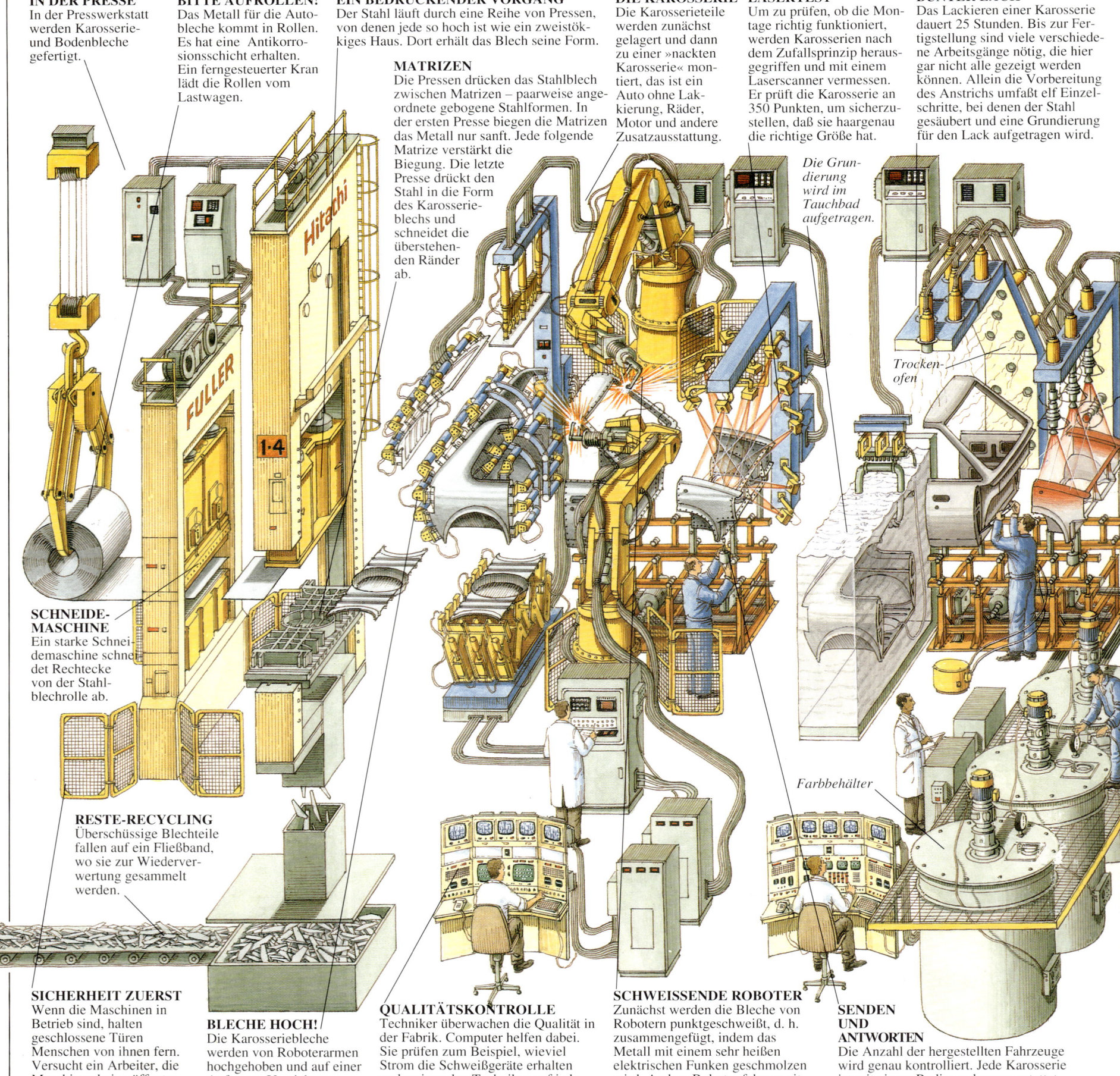

IN DER PRESSE
In der Presswerkstatt werden Karosserie- und Bodenbleche gefertigt.

BITTE AUFROLLEN!
Das Metall für die Autobleche kommt in Rollen. Es hat eine Antikorrosionsschicht erhalten. Ein ferngesteuerter Kran lädt die Rollen vom Lastwagen.

EIN BEDRÜCKENDER VORGANG
Der Stahl läuft durch eine Reihe von Pressen, von denen jede so hoch ist wie ein zweistöckiges Haus. Dort erhält das Blech seine Form.

MATRIZEN
Die Pressen drücken das Stahlblech zwischen Matrizen – paarweise angeordnete gebogene Stahlformen. In der ersten Presse biegen die Matrizen das Metall nur sanft. Jede folgende Matrize verstärkt die Biegung. Die letzte Presse drückt den Stahl in die Form des Karosserieblechs und schneidet die überstehenden Ränder ab.

DIE KAROSSERIE
Die Karosserieteile werden zunächst gelagert und dann zu einer »nackten Karosserie« montiert, das ist ein Auto ohne Lackierung, Räder, Motor und andere Zusatzausstattung.

LASERTEST
Um zu prüfen, ob die Montage richtig funktioniert, werden Karosserien nach dem Zufallsprinzip herausgegriffen und mit einem Laserscanner vermessen. Er prüft die Karosserie an 350 Punkten, um sicherzustellen, daß sie haargenau die richtige Größe hat.

BUNTER LACK
Das Lackieren einer Karosserie dauert 25 Stunden. Bis zur Fertigstellung sind viele verschiedene Arbeitsgänge nötig, die hier gar nicht alle gezeigt werden können. Allein die Vorbereitung des Anstrichs umfaßt elf Einzelschritte, bei denen der Stahl gesäubert und eine Grundierung für den Lack aufgetragen wird.

Die Grundierung wird im Tauchbad aufgetragen.

Trockenofen

SCHNEIDE-MASCHINE
Ein starke Schneidemaschine schneidet Rechtecke von der Stahlblechrolle ab.

RESTE-RECYCLING
Überschüssige Blechteile fallen auf ein Fließband, wo sie zur Wiederverwertung gesammelt werden.

SICHERHEIT ZUERST
Wenn die Maschinen in Betrieb sind, halten geschlossene Türen Menschen von ihnen fern. Versucht ein Arbeiter, die Maschinen bei geöffneter Tür in Gang zu setzen, ertönt ein Warnzeichen.

BLECHE HOCH!
Die Karosseriebleche werden von Roboterarmen hochgehoben und auf einer Aufspann-Vorrichtung befestigt – einem Rahmen, der alle Bleche trägt.

QUALITÄTSKONTROLLE
Techniker überwachen die Qualität in der Fabrik. Computer helfen dabei. Sie prüfen zum Beispiel, wieviel Strom die Schweißgeräte erhalten und weisen den Techniker auf jede Unregelmäßigkeit hin, damit er die Menge neu einstellen kann.

SCHWEISSENDE ROBOTER
Zunächst werden die Bleche von Robotern punktgeschweißt, d. h. zusammengefügt, indem das Metall mit einem sehr heißen elektrischen Funken geschmolzen wird. Andere Roboter fahren mit dem Punktschweißen fort, bis die Verbindung fertig ist.

Farbbehälter

SENDEN UND ANTWORTEN
Die Anzahl der hergestellten Fahrzeuge wird genau kontrolliert. Jede Karosserie ist mit einem Radiosender ausgestattet, der sie im gesamten Produktionsablauf genau identifiziert.

ERSTES TAUCHBAD
Nach sorgfältiger Vorbereitung taucht die Karosserie in ein Bad, das die Grundierung aufträgt. Diese schützt vor Korrosion und stellt sicher, daß der Lack haftet.

IM OFEN GEBACKEN
Nach jedem Anstrich kommt die Karosserie in einen 82° heißen Ofen. Nach der letzten Schicht trocknet die Farbe bei 160° im Ofen.

GLÄNZENDER DECKANSTRICH
Der Radiosender teilt den Robotern mit, welche Farbe das Auto bekommen soll, und die Roboter sprühen den entsprechenden Farbton auf.

NICHT DIE TÜREN SCHLAGEN!
Nach dem Anstrich werden die Türen für den nächsten Arbeitsgang ausgebaut. Das erleichtert den Zugang zum Wageninneren.

ROBOTERWAGEN
Während der Fertigung befördern Roboterwagen, kleine Transportroboter, die Türen und bringen sie dorthin, wo Arbeiter weitere Teile anbringen. Die Roboterwagen folgen in den Boden eingelassenen Kabeln.

FERTIGE TÜREN
Sobald die Karosserie die Ausstattungswerkstatt verläßt, werden die Türen wieder angebracht.

DIE INNENAUSSTATTUNG
In diesem Fertigungsbereich sieht der Wagen schon eher einem Auto ähnlich als einer lackierten Hülle. Hier werden die meisten elektrischen Teile eingebaut, und der Innenraum erhält seine endgültige Ausstattung.

DIE ELEKTRIK
Kleine Teile, wie die Lampen, treffen laufend im Arbeitsbereich ein, wo sie nacheinander eingebaut werden. Um Platz zu sparen, werden nur wenige Einzelteile an der Fertigungsstraße bereitgehalten. Das an jeder Karosserie befestigte Sendegerät bestellt kurz vorher automatisch die passenden Teile. Ein Roboter sucht das richtige Teil heraus und liefert es genau dann ab, wenn es eingebaut werden muß.

DER MOTOR KOMMT DAZU
Nähert sich der Wagen dem Ende der Fertigungsstraße, werden Motor, Getriebe und Fahrwerk und alle übrigen Teile in die Karosserie eingebaut.

TEST AUF ROLLEN
Der Wagen läuft auf Rollen, damit die Tester den Motor prüfen und sich vergewissern können, daß die Bremsen funktionieren.

UNTERBODEN-SCHUTZ
Zum Schluß wird eine Wachsschicht aufgetragen, die den Unterboden vor Steinsplittern und Salz schützt.

AUF HOCHGLANZ
Das Polieren bringt den Wagen zum Glänzen.

TRANSPORT AN DER DECKE
Wie viele andere Einzelteile werden die Sitze an Förderbändern an der Decke von der Ausstattungswerkstatt zur Fertigungsstraße transportiert.

ZUSCHNEIDEN UND NÄHEN
Hier gibt es noch keine Roboter: Arbeiter schneiden Teppiche und Sitzbezüge zu und nähen sie mit Spezialnähmaschinen zusammen.

ZULIEFERTEILE
Einige Teile werden in der Fabrik gefertigt, andere, ganze Getriebe etwa, werden oft aus weit entfernten Fabriken angeliefert.

DIE RÄDER
Die Arbeiter befestigen die Räder von Hand. Dabei hilft ihnen ein Werkzeug, das alle Radmuttern gleichzeitig festzieht.

TESTS ÜBER TESTS!
Viele Wagenteile wurden schon während der Fertigung und des Einbaus getestet. So wurde der Benzintank mit Luft gefüllt und in Wasser getaucht, um ihn auf Löcher zu prüfen. Trotzdem wird jeder Wagen noch einmal gründlich überprüft, bevor der die Fabrik verläßt.

ACHTUNG, SENDER!
Der Radiosender wird jetzt entfernt und wieder an den Anfang der Fertigungsstraße gebracht.

DIE PROBEFAHRT
Zum Schluß findet mit dem fertigen Wagen eine Probefahrt statt.

Der Hubschrauber

Auf einem Stützpunkt des Seenotrettungsdienstes in Südengland plärrt es aus dem Lautsprecher: »Alarmstufe 1! Alarmstufe 1!«, und die diensthabende Bergungsmannschaft reibt sich die Augen und streckt die Glieder. »Alarmstufe 1« bedeutet, daß die Nacht für die Männer zu Ende ist und daß es an die Arbeit geht. Für die vierköpfige Besatzung heißt das, Leben zu retten. Draußen wütet ein Sturm, ein Schiff sinkt, und Hilfe ist dringend nötig, sonst sterben Menschen. Vor dem Start muß die Mannschaft ihren *Sea King*-Hubschrauber sorgfältig vorbereiten. Aber dann trägt er die Retter mit einer Geschwindigkeit von bis zu 250 km/h zum Ziel. Dort angekommen, schwebt er über dem Schiff, während einer der Retter an einem Seil hinabgelassen wird, um die Seeleute vom Deck zu bergen. Anschließend eilt der *Sea King* mit der Crew und den Überlebenden zum Stützpunkt zurück.

FEUER IM MOTORRAUM!
Der Pilot kann den Motorraum mit Schaum füllen, wenn dort ein Brand entsteht.

STEUERN MIT STANGEN
Die Blätter des Rotors sind durch Stangen mit der Taumelscheibe verbunden. Sie übertragen die Bewegungen der Taumelscheibe auf den Rotor.

DIE TAUMELSCHEIBE
Die Steuerung wirkt auf die sogenannte Taumelscheibe. Sie verändert deren Anstellwinkel. Wird die Scheibe angehoben, erhöht sich der Anstellwinkel des Rotors, und er liefert mehr Auftrieb. Wird die Taumelscheibe geneigt, vergrößert sich die Geschwindigkeit des Hubschraubers oder er verändert seine Richtung.

Rotor

Luftansaugstutzen

Ölkühlergebläse

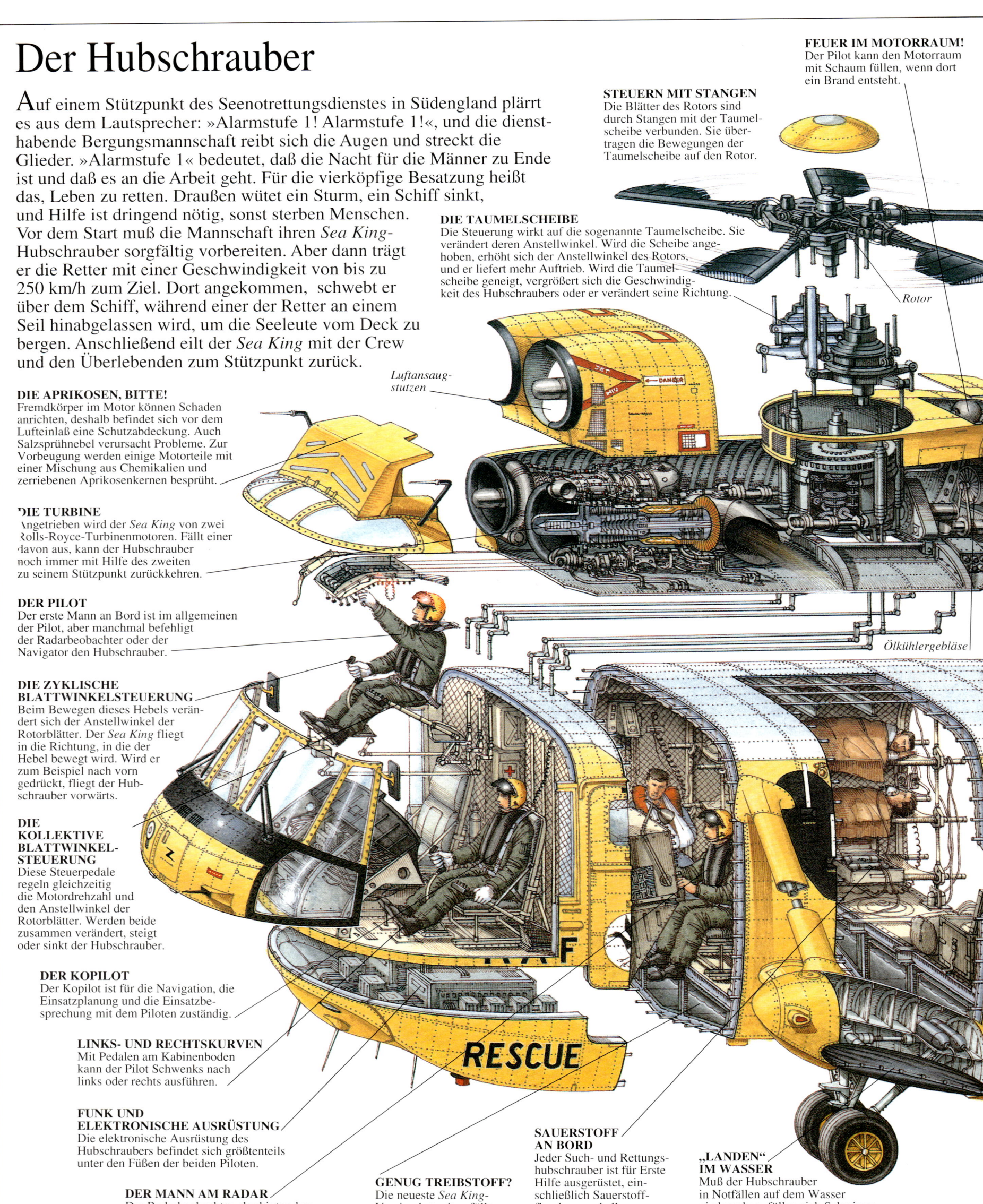

DIE APRIKOSEN, BITTE!
Fremdkörper im Motor können Schaden anrichten, deshalb befindet sich vor dem Lufteinlaß eine Schutzabdeckung. Auch Salzsprühnebel verursacht Probleme. Zur Vorbeugung werden einige Motorteile mit einer Mischung aus Chemikalien und zerriebenen Aprikosenkernen besprüht.

DIE TURBINE
Angetrieben wird der *Sea King* von zwei Rolls-Royce-Turbinenmotoren. Fällt einer davon aus, kann der Hubschrauber noch immer mit Hilfe des zweiten zu seinem Stützpunkt zurückkehren.

DER PILOT
Der erste Mann an Bord ist im allgemeinen der Pilot, aber manchmal befehligt der Radarbeobachter oder der Navigator den Hubschrauber.

DIE ZYKLISCHE BLATTWINKELSTEUERUNG
Beim Bewegen dieses Hebels verändert sich der Anstellwinkel der Rotorblätter. Der *Sea King* fliegt in die Richtung, in die der Hebel bewegt wird. Wird er zum Beispiel nach vorn gedrückt, fliegt der Hubschrauber vorwärts.

DIE KOLLEKTIVE BLATTWINKEL-STEUERUNG
Diese Steuerpedale regeln gleichzeitig die Motordrehzahl und den Anstellwinkel der Rotorblätter. Werden beide zusammen verändert, steigt oder sinkt der Hubschrauber.

DER KOPILOT
Der Kopilot ist für die Navigation, die Einsatzplanung und die Einsatzbesprechung mit dem Piloten zuständig.

LINKS- UND RECHTSKURVEN
Mit Pedalen am Kabinenboden kann der Pilot Schwenks nach links oder rechts ausführen.

FUNK UND ELEKTRONISCHE AUSRÜSTUNG
Die elektronische Ausrüstung des Hubschraubers befindet sich größtenteils unter den Füßen der beiden Piloten.

DER MANN AM RADAR
Der Radarbeobachter, der hinter dem Piloten sitzt, ist für die Navigationshilfsmittel und den Funkverkehr verantwortlich.

GENUG TREIBSTOFF?
Die neueste *Sea King*-Version hat mit gefüllten Tanks eine Reichweite von über 1.400 km.

SAUERSTOFF AN BORD
Jeder Such- und Rettungshubschrauber ist für Erste Hilfe ausgerüstet, einschließlich Sauerstoffflaschen, und alle Crewmitglieder sind in Erster Hilfe ausgebildet.

„LANDEN" IM WASSER
Muß der Hubschrauber in Notfällen auf dem Wasser niedergehen, füllen sich Schwimmkörper automatisch mit Druckluft. Sie verhindern, daß der Hubschrauber sinkt.

DER ROTOR
Der drehbare Aufsatz oben auf dem Hubschrauber heißt Rotor. An ihm sind die Rotorblätter angebracht, mit denen der Hubschrauber fliegt: Sie drücken die Luft nach unten weg und erzeugen dadurch Auftrieb. Die Rotorblätter steuern auch die Flugrichtung. Wird der Rotor nach links oder rechts geneigt, wendet der Hubschrauber. Er kann vorwärts und sogar rückwärts fliegen, wenn der Rotor nach vorn oder hinten geneigt wird.

BLÄTTER AUS ALUMINIUM
Der Kern jedes Rotorblattes besteht aus einem D-förmigen Aluminium-holm. Damit die Crew prüfen kann, ob die Rotorblätter beschädigt sind, enthält jeder Holm Gas, das unter Hochdruck steht. Sobald der Druck sinkt, leuchtet im Cockpit eine Warnleuchte auf, die anzeigt, daß ein Riß entstanden ist.

IM GLEICHGEWICHT
Alle Rotorblätter müssen genau das gleiche Gewicht haben, sonst vibriert der Rotor stark. Um das zu erreichen, werden die Rotorblätter mit kleinen Zusatzgewichten ausgewuchtet.

Zahlen, Zahlen, Zahlen	
Westland Sea King HAR Mk 3	
Länge • 17,43 m (mit gefaltetem Rotor)	
Rotordurchmesser • 18,90 m	
Größte Reichweite • 1.400 km	
Leergewicht • 5.900 kg	
Höchstgeschwindigkeit • 250 km/h	

Kern eines Rotorblattes

HECKROTORANTRIEB
Der Motor bewegt den Heckrotor über eine Welle, die bis zum Heck reicht. Wo die Antriebswelle eine Biegung macht, muß ein Getriebe zwischengeschaltet werden.

EIN KRAN AM HIMMEL
Mit seiner Winde kann der Hubschrauber Überlebende in Sicherheit bringen. Die Schalter dafür sind neben der Tür angebracht. Im *Sea King*-Rettungshubschrauber gibt es elf Sitzplätze und drei Tragbahren.

DER MANN AN DER WINDE
Nachdem der Radarbeobachter den Hubschrauber ans Ziel dirigiert hat, betätigt er die Winde. Er gibt dem Piloten über eine Sprechan-lage so lange Anweisungen, bis sich der Hubschrauber genau an der richtigen Position befindet, so daß ein Retter mit der Winde herunter-gelassen werden kann.

DER HECKROTOR
Jeder Hubschrauber besitzt mindestens zwei Rotoren. Hätte er nur einen, würde er sich nach dem Start um die eigene Achse drehen, und zwar entgegen der Drehrichtung des Hauptrotors. Das verhindert der Heckrotor, der das Heck zur Seite drückt.

DIE RADARANLAGE
Mit der Radar-anlage kann die Hubschrauber-besatzung ihr Ziel auch nachts oder in dichtem Nebel finden.

DIE UKW-ANTENNE
Über Ultrakurz-welle steht die Besatzung mit ihrem Stütz-punkt in Ver-bindung.

VERSCHIEDENE ANSTELLWINKEL
Verändert der Pilot den Anstellwinkel des Heckrotors, dreht sich der Hubschrauber in der Luft.

Verkleidung der Antriebswelle

Rückwarnlicht

ZUSAMMENKLAPPBAR
Das Heck des Hubschraubers ist mit Scharnieren am Rumpf befestigt. Es läßt sich umklap-pen und spart Platz im Hangar.

RADARSIGNALE
Wie alle Flugzeuge besitzt der *Sea King* ein automatisches Antwortsendegerät. Fängt dieses Gerät Radarwellen eines anderen Flugzeugs in der Nähe auf, sendet es ein unverkennbares Identifikationssignal aus, an dem man erkennen kann, ob es sich um einen „Freund" oder einen „Feind" handelt.

SCHWIMMENDER FLIEGER
Rettungshubschrauber müssen oft Personen aus dem Wasser bergen, deshalb ist der Rumpf bootsförmig gebaut. Er kann bei ruhiger See sogar schwimmen.

Sea King vom Typ HAR Mk3 der Königlichen Luftwaffe

Der Westland *Sea King* vom Typ HAR Mk3 ist eine Weiterentwicklung eines Hubschraubers vom Typ Sikorsky, der ursprünglich in den USA im Krieg gegen U-Boote eingesetzt wurde. Für den Seenotrettungsdienst treten an die Stelle von Raketen und Wasserbomben Medikamente und Tragbahren. Der Hubschrauber ist an seiner gelben Farbe leicht zu erkennen, wenn er sich einem Unfallort auf dem Meer nähert.

Tankein-füllstutzen

DAS SEIL, AN DEM EIN LEBEN HÄNGT
Das Leben des Retters hängt am Stahlseil der Winde, deshalb wird das Seil nach jedem Einsatz peinlich genau überprüft.

DIE TRAGBAHRE
Schwerverletzte Überlebende werden auf einer Spezial-Tragbahre hochgehievt. Ihre Stoffbahnen sind mit Holz verstärkt, damit sich der Körper des Verletzten nicht bewegt.

DAS HECKRAD
Dank eines nicht einzieh-baren Heckrads landet der Hubschrauber sanft und sicher.

DER LEBENSRETTER
Der Mann, der am Ende des Windenseils hängt, tritt nach außen am meisten in Erscheinung. Er birgt oft Personen vom Deck eines Schiffes, das nicht selten von der rauhen See hin- und hergeschleudert wird.

Das Opernhaus

Sobald man ein Opernhaus betritt, läßt man die Wirklichkeit hinter sich wie einen Mantel, den man abgibt. Wie mit Zauberhand versetzt die Handlung auf der Bühne den Zuschauer in ein anderes Land, eine andere Zeit oder eine andere Welt. Vom Zuschauerraum aus sieht die Opernaufführung mühelos, anmutig und prachtvoll aus. Aber das Glitzern auf der Bühne ist eine schöne, angenehme Illusion.

Um diese Illusion aufrechtzuerhalten, ist schwere Arbeit nötig, denn zu einer Opernaufführung gehören Sänger und Instrumentalisten, oft auch Tänzer und andere Darsteller. Außerdem ist ein ganzes Heer von Helfern am Werk, die die Kulissen bauen und bemalen, die Kostüme nähen und Eintrittskarten verkaufen. Den ganzen Tag lang wird am Zauber der Oper mit Farbe, Stoff, Holz, Notenblättern und stundenlangen ermüdenden Proben gearbeitet.

RENDEZVOUS IN DER HALLE
Über dem Foyer befindet sich ein großzügig ausgeschmückter Raum, die große Halle. Hier treffen sich die Zuschauer vor der Aufführung, um zu sehen und gesehen zu werden.

DIE BAR
In der Pause eilt jedermann an die Bar, um etwas zu trinken. Dort herrscht oft großes Gedränge.

SÄULEN
Die großen weißen Säulen an der Fassade des Opernhauses sind über 18 m hoch.

Haupteingang

DAS FOYER
Von der Straße kommen die Zuschauer ins Foyer, den Vorraum. Dort können sie Programmhefte kaufen und ihre Garderobe abgeben.

DER PROBENRAUM
Im Opernhaus wird jeder freie Raum so gut wie möglich genutzt. Dieser Probenraum verbirgt sich hinter dem Giebeldreieck.

LICHTREGIE
Die Beleuchter sitzen hoch oben in einer Kabine, von der aus sie die ganze Bühne im Blick haben. Von hier aus steuern sie die Lichteffekte.

IM PARKETT
Die teuersten Plätze im Opernhaus befinden sich im Parkett, denn von dort aus sieht man am besten und hört die Musik besser als anderswo im Zuschauerraum.

DAS ORCHESTER
Die Musiker sitzen zwischen Bühne und Zuschauerraum im Orchestergraben. Sie sitzen dem Dirigenten gegenüber, der mit seinen Gesten die Musiker im Graben und die Darsteller auf der Bühne dirigiert.

Café

STECKENGEBLIEBEN?
Mitten auf der Bühne steht der Souffleurkasten, in dem der Souffleur die Worte der Oper anhand einer Partitur – das sind die Texte und Noten – verfolgt. Vergißt ein Darsteller seine Worte, hilft ihm der Souffleur auf die Sprünge.

OPER FÜR JEDERMANN
Die preiswertesten Zuschauerplätze sind die auf dem obersten Balkon (Rang) und in den Seitenrängen. Von hier sieht man zwar nicht besonders gut, aber die Preise sind so niedrig, daß sie für jedermann erschwinglich sind.

DIE TISCHLEREI
Im Raum unter dem Dach sind die Werkstätten untergebracht, darunter auch die Tischlerei, in der Bühnenrequisiten entstehen.

KÖNIGLICHE LOGE
Die besten Plätze im Opernhaus sind für die Königsfamilie bestimmt. Sie sitzt in einer Privatloge an der Seite der Bühne.

SPOTLIGHTS
Einzelne Darsteller werden mit starken Spotlights hervorgehoben. Die Lampen sind beweglich. So können die Beleuchter den Darstellern mit einem Lichtbündel folgen, während sie sich auf der Bühne hin- und herbewegen.

Lagerraum

PLATZ FÜR PROMINENTE
Unter der königlichen Loge befindet sich eine Zimmerflucht, in die sich die berühmten Gäste vor der Aufführung und in der Pause zurückziehen können.

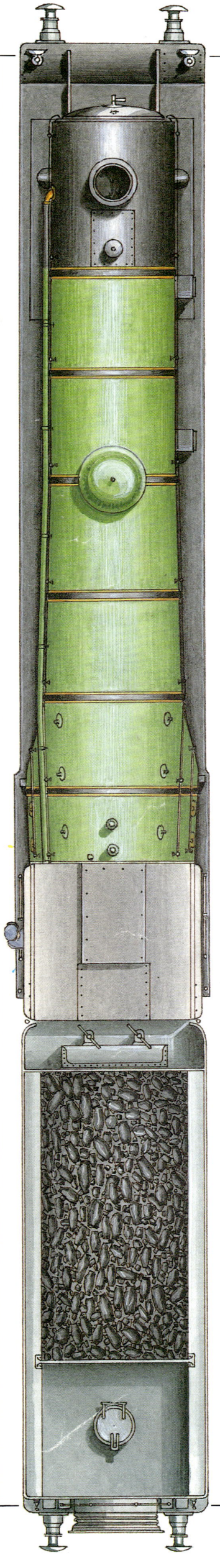

Die Dampflok

Als um 1830 zum ersten Mal von Dampfloks gezogene Züge auftauchten, waren sie so aufregend wie heute eine Reise ins All. Sie versetzten Menschen, die sich um ihre Gesundheit sorgten, in Schrecken. Ein Kommentar von damals lautete: „Was gibt es Lächerlicheres als eine Lokomotive, die zweimal schneller als eine Postkutsche fährt? Ebenso gut könnte man von Menschen erwarten, daß sie sich von Raketen abschießen lassen, wenn sie sich der Willkür einer Maschine anvertrauen, die mit einer derartigen Geschwindigkeit fährt." Der Autor appellierte an den gesunden Menschenverstand und forderte, die Geschwindigkeit von

Eisenbahnzügen auf rund 13 bis höchstens 15 km/h zu beschränken. Andere erklärten, die Lokomotiven würden „Vögel töten, Kühe am Weiden und Hennen am Eierlegen hindern, Häuser verbrennen und zum Aussterben der Pferderasse führen." Alle diese Kritiker haben sich nachweislich geirrt, und um die Mitte des 19. Jahrhunderts galt das Reisen mit der Dampfeisenbahn als besonders fortschrittlich. Die Fahrgäste der Luxusklasse konnten eine erfrischende Dusche genießen, eine erstklassige Mahlzeit einnehmen oder sich im Zugkino den neuesten Film ansehen.

Die Lokomotive

Diese Lokomotive gehörte einer englischen Eisenbahngesellschaft. Sie trug die Nummer 4472 und den Namen *Flying Scotsman*, d. h. der Fliegende Schotte. Sie gehört zum „Pacific"-Typ – einer typischen Lokomotive für den Personenschnell-

verkehr aus der Zeit zwischen 1920 und 1930. Die Lokomotiven dieser Klasse hatten sechs große, miteinander verbundene Antriebsräder in der Mitte sowie vier freilaufende Räder vorn und zwei weitere hinten.

Seitenansicht mit den Rädern

Aus der Vogelperspektive

Normalerweise versteckte sich die Lokomotive, wenn sie unter Brücken hindurchfuhr, hinter einem Schwall aus Dampf und Rauch. Im Kohlenwagen lagen neun Tonnen Kohle – genug Brennstoff für Langstreckenfahrten.

Lokomotive und Kohlenwagen von oben

Seitenansicht des Speisewagens

Der *Flying Scotsman*

Den Namen *Flying Scotsman* trugen sowohl eine Lokomotive als auch ein Zug. Der *Flying Scotsman* verkehrte als Schnellzug zwischen London in England

und Edinburgh in Schottland – eine Entfernung von 630 km. Er befuhr die Strecke von 1928 an non-stop – damals die längste durchgehende Verbindung der Welt.

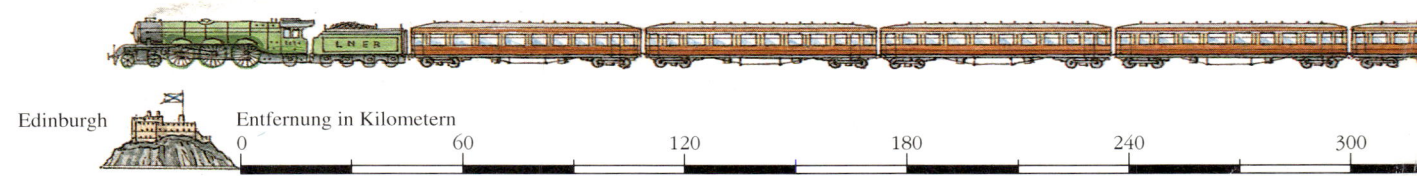

Edinburgh   Entfernung in Kilometern

0   60   120   180   240   300

Unter Dampf!

Von Dampfloks gezogene Züge glichen Drachen auf Rädern, wenn sie Feuer, Dampf und Rauch ausspuckten. Sorgfalt, Umsicht und Schwerstarbeit waren allerdings nötig, um diesen Drachen Leben einzuhauchen. Das Personal im Lokomotivschuppen mußte sich schon viele Stunden vor Abfahrt des Zugs an die Arbeit begeben. In der Feuerbüchse wurde ein Feuer angezündet, und wenn es hell loderte, wurde Kohle nachgelegt, bis die ganze Feuerbüchse einer einzigen prasselnden Hölle glich. Allmählich erwärmte die Hitze das Wasser im Kessel, der die Feuerbüchse umgab. War das Wasser heiß genug, verwandelte es sich in Dampf. Die Lokomotive wurde von zwei Personen gefahren: dem Lokomotivführer und einem Heizer. Sie übernahmen die Lok vom Personal im Lokomotivschuppen, wenn die Zeit zur Abfahrt gekommen war. Sobald der Dampfdruck hoch genug war, öffnete der Lokführer ein Regelventil und ließ damit Dampf in die Zylinder einströmen. Der Dampfdruck bewegte die Kolben vor und zurück, und diese bewegten ihrerseits die mit den Rädern verbundenen Pleuelstangen. Langsam schob sich die Riesenlok in der Morgendämmerung vorwärts und nahm allmählich Fahrt auf. Schließlich verschwand der Stahlkoloß mit einem schrillen Pfiff in der Ferne und zog dabei mit einer Geschwindigkeit bis zu 160 km/h Waggons im Gewicht von 700 Tonnen hinter sich her. Die dreißiger Jahre waren die goldene Zeit der Dampflokomotiven. In Großbritannien zogen prächtig lackierte Loks wie der *Flying Scotsman* Luxuswaggons ohne Zwischenaufenthalt über lange Strecken. Die Fahrgäste kamen in den Genuß erstklassiger Mahlzeiten, konnten Schlafwagen und Duschen benutzen und sogar Neuigkeiten wie Kopfhörer und einen Kinowagen. Schließlich wurden die Betriebskosten für solche üppig ausgestatteten Züge zu hoch, weil Reisen mit dem Auto oder dem Flugzeug preiswerter wurden. Dazu kamen die Kriegskosten im Zweiten Weltkrieg (1939-45). Beides zusammen führte dazu, daß man solchen Luxus später nur noch selten, wenn überhaupt, geboten bekam.

Der *Flying Scotsman*

Die *Flying Scotsman*-Dampflok wurde von Sir Nigel Gresley (1876-1941) entworfen. Gresley baute mehrere berühmte Lokomotiven für die *London and North Eastern Railway*-Eisenbahngesellschaft. Die Baunummer 4472 gehörte zu einer Klasse, die ab 1923 entstand. Eine von Gresleys späteren Lokomotiven, die 4468 Mallard, hält noch heute mit 202 km/h den Geschwindigkeitsrekord für Dampfloks, den sie 1938 auf einer Probefahrt aufstellte.

WENIGE INSTRUMENTE
Verglichen mit dem Fahrstand einer modernen Diesellokomotive gab es im *Flying Scotsman* bemerkenswert wenige Instrumente. Ein Tachometer, einfache Meßgeräte für Druck und Temperatur und ein Wasserspiegelanzeiger lieferten dem Lokführer und dem Heizer alle Informationen, die sie benötigten. Nachts waren die Instrumente von winzigen Öllampen beleuchtet.

VIELE KESSELROHRE
Die heißen Gase strömten aus der Feuerbüchse durch zahlreiche Rohre, die durch das Wasser hindurchführten, damit das Wasser möglichst intensiv mit der Hitze in Berührung kam.

DER SCHORNSTEIN
Rauch aus der Feuerbüchse und überschüssiger Dampf aus den Zylindern entwichen bei jedem Kolbenstoß in großen Wolken aus dem Schornstein. So kam das bekannte, abgehackt klingende „Husch-husch-husch"-Geräusch zustande.

DIE ÜBERHITZERROHRE
Der Kesseldampf strömte durch Überhitzerrohre. Sie erhitzten den Dampf noch mehr, wodurch sein Druck gesteigert wurde, so daß er noch stärker auf die Kolben drückte und die Lokomotive noch schneller fahren konnte.

Rauchkammertür

DIE BELEUCHTUNG
Ein Warnlicht an der Stirnseite der Lok sorgte dafür, daß sie nachts gesehen wurde.

DAS ABBLASROHR
Der Dampf strömte aus den Zylindern durch das Abblasrohr zum Schornstein hinauf. Weil die Rauchkammertür fest verschlossen war, entstand ein teilweises Vakuum, das die Abgase aus der Feuerbüchse durch die Feuerrohre zum Schornstein hinauf ansaugte. Dadurch strömte frische Luft in die Feuerbüchse, die das Feuer noch heißer brennen ließ.

DAS ZYLINDERVENTIL
Dampf kann den Zylinder nur schieben, aber nicht ziehen. Damit sich der Zylinder aber abwechselnd vor- und zurückbewegt, waren die Ventile so angeordnet, daß der Dampf zuerst an der einen Seite des Kolbens in den Zylinder geleitet wurde und dann an der anderen.

DAMPFHAUBE UND REGELVENTIL
Der Dampf aus dem Kessel sammelte sich in dessen oberem Teil, über dem Wasser. Dort, in der Kesselhaube, am höchsten Punkt, war der Dampf am trockensten. In der Haube befand sich das Regelventil. Der Lokführer benutzte es genauso, wie bei einem Auto die Drosselklappe gebraucht wird: Öffnete er das Ventil, bewegte sich die Lok vorwärts oder rückwärts.

Dampfregelventil

DIE KESSELWAND
Der Kessel bestand aus starken Stahlplatten, die dem hohen Dampfdruck im Inneren standhalten konnten.

DIE ZYLINDER
Hocherhitzter Dampf strömte durch die Zylinder und bewegte dort die Kolben, die wiederum die Räder über die Pleuelstangen antrieben. Der *Flying Scotsman* besaß drei Zylinder: einen an jeder Seite und einen dritten zwischen den Rädern.

VENTILSTANGEN
Die Ventilstangen öffneten und schlossen die Dampfventile, durch die der Dampf in die Zylinder gelangte.

DIE PLEUELSTANGEN
Schwere Stahlstangen übertrugen die Kolbenbewegung auf die Räder, die die Lokomotive antrieben.

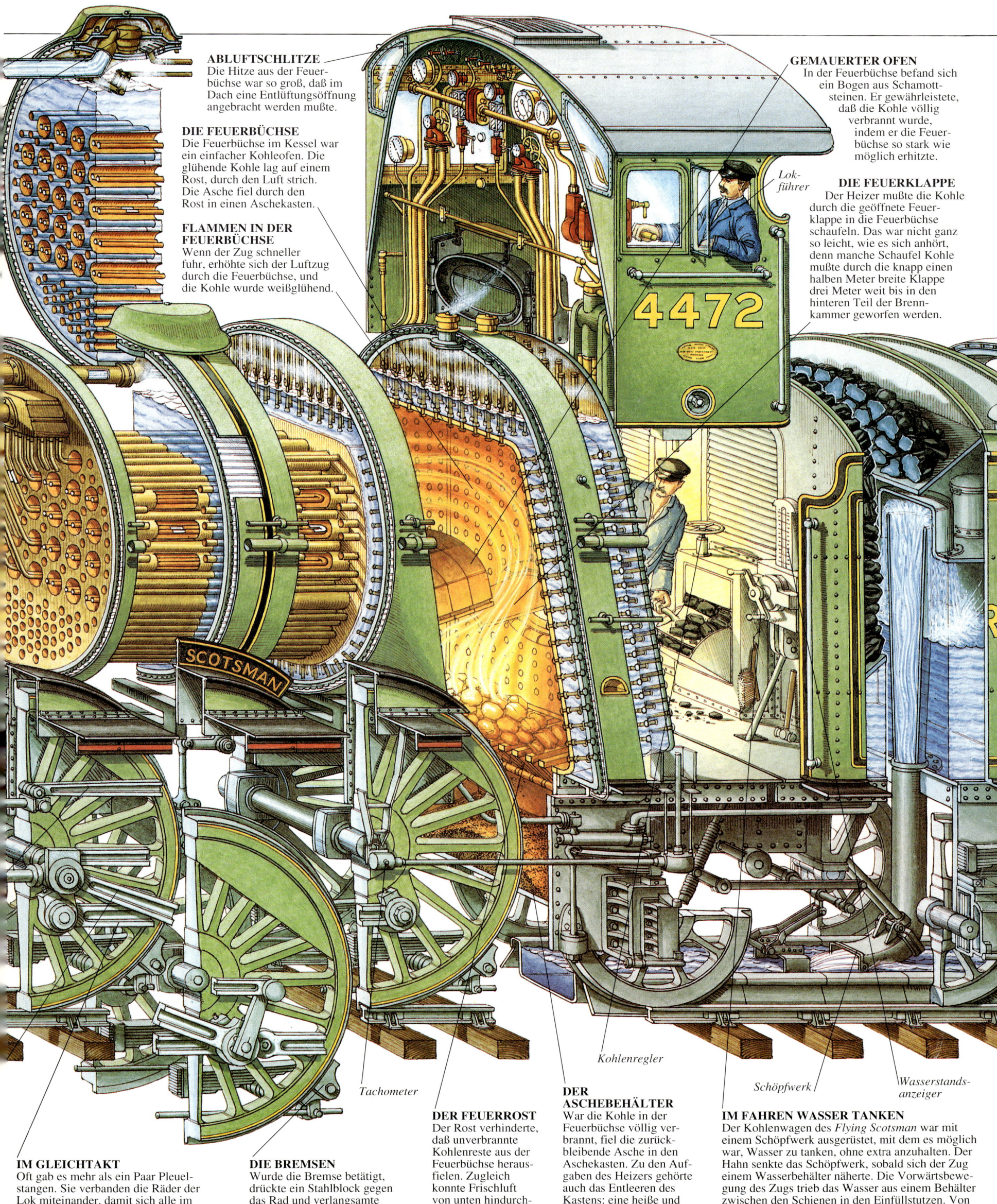

ABLUFTSCHLITZE
Die Hitze aus der Feuerbüchse war so groß, daß im Dach eine Entlüftungsöffnung angebracht werden mußte.

DIE FEUERBÜCHSE
Die Feuerbüchse im Kessel war ein einfacher Kohleofen. Die glühende Kohle lag auf einem Rost, durch den Luft strich. Die Asche fiel durch den Rost in einen Aschekasten.

FLAMMEN IN DER FEUERBÜCHSE
Wenn der Zug schneller fuhr, erhöhte sich der Luftzug durch die Feuerbüchse, und die Kohle wurde weißglühend.

GEMAUERTER OFEN
In der Feuerbüchse befand sich ein Bogen aus Schamottsteinen. Er gewährleistete, daß die Kohle völlig verbrannt wurde, indem er die Feuerbüchse so stark wie möglich erhitzte.

Lok-führer

DIE FEUERKLAPPE
Der Heizer mußte die Kohle durch die geöffnete Feuerklappe in die Feuerbüchse schaufeln. Das war nicht ganz so leicht, wie es sich anhört, denn manche Schaufel Kohle mußte durch die knapp einen halben Meter breite Klappe drei Meter weit bis in den hinteren Teil der Brennkammer geworfen werden.

4472

SCOTSMAN

Kohlenregler

Tachometer

Schöpfwerk

Wasserstands-anzeiger

IM GLEICHTAKT
Oft gab es mehr als ein Paar Pleuelstangen. Sie verbanden die Räder der Lok miteinander, damit sich alle im gleichen Rhythmus bewegten.

DIE BREMSEN
Wurde die Bremse betätigt, drückte ein Stahlblock gegen das Rad und verlangsamte die Fahrt.

DER FEUERROST
Der Rost verhinderte, daß unverbrannte Kohlenreste aus der Feuerbüchse herausfielen. Zugleich konnte Frischluft von unten hindurchstreichen.

DER ASCHEBEHÄLTER
War die Kohle in der Feuerbüchse völlig verbrannt, fiel die zurückbleibende Asche in den Aschekasten. Zu den Aufgaben des Heizers gehörte auch das Entleeren des Kastens: eine heiße und schmutzige Angelegenheit.

IM FAHREN WASSER TANKEN
Der Kohlenwagen des *Flying Scotsman* war mit einem Schöpfwerk ausgerüstet, mit dem es möglich war, Wasser zu tanken, ohne extra anzuhalten. Der Hahn senkte das Schöpfwerk, sobald sich der Zug einem Wasserbehälter näherte. Die Vorwärtsbewegung des Zugs trieb das Wasser aus einem Behälter zwischen den Schienen in den Einfüllstutzen. Von dort floß es in den Tank im Kohlenwagen.

Die Königliche Oper in London (England) gehört zu den schönsten Opernhäusern der Welt. Sie ist über 130 Jahre alt und wurde anstelle eines älteren Hauses errichtet, das ein Feuer zerstörte. Das Gebäude war sehr schnell fertiggestellt, die Bauarbeiten nahmen nur sieben Monate in Anspruch.

EINE STÜTZENDE ROLLE
Acht riesige Träger, von denen jeder 30 Tonnen wiegt, stützen das Dach. Die Träger wurden in einer 170 km vom Opernhaus entfernten Fabrik eigens vorgefertigt.

VIEL LICHT
Mehrere Reihen starker Lampen hängen an der Beleuchterbrücke.

DIE KOSTÜM-GARDEROBE
Kostüme zu entwerfen und zu nähen ist eine gewaltige Aufgabe. Jeder Darsteller trägt mindestens ein Kostüm.

DIE KULISSENMALER
Im Malersaal entstehen die Bühnenbilder. Dieses ist für Verdis Oper Aida bestimmt, die in Ägypten spielt.

PROBEN MIT DEM CHOR
Ein Chor tritt in der Oper manchmal allein und manchmal als Begleitung der Solisten auf. Der Chor hält seine Proben in einem großen Raum im hinteren Gebäudeteil ab.

DIE PARTITURBIBLIOTHEK
Jeder Mitwirkende braucht eine Kopie der Worte und Noten der Oper, und für jedes Musikinstrument im Orchester gibt es eine andere Partitur. Deshalb besitzt das Opernhaus in seiner Bibliothek die verschiedensten Partituren von unzähligen Opern.

DER BALLETTPROBENRAUM
Balletttänzer müssen täglich stundenlang üben, damit ihr Körper elastisch bleibt. Für sie gibt es einen Probenraum hinter der Bühne.

Ballett-tänzer beim Üben

DIE FANS
Opernfans warten nach der Vorstellung oft am Bühnenaus-gang und hoffen, einen Blick auf ihre Helden zu erhaschen, wenn sie das Haus verlassen.

Fundamente

SCHÖN LAUT!
Unterhalb der Bühne liegt ein großer Raum für Orchesterproben, und hier sind auch große Instrumente wie Harfen und Klaviere unter-gebracht.

MEHR LICHT!
An den Bühnenseiten befindet sich je eine Schalttafel, mit der die Bühnenbeleuchtung bedient wird. Hier schalten Elektriker im richtigen Moment die Lampen ein und aus.

DER SCHALTRAUM
Im Opernhaus wird viel Strom verbraucht. Der Schaltraum ist die elektrische Zentrale.

VORSICHT, FALLE!
Auf der Bühne gibt es fünf Versenkpodien, das sind kleine Aufzüge. Damit ein Darsteller plötzlich auftauchen kann, steht er unterhalb der Bühne bereit. Auf ein Stich-wort hin betätigen Bühnen-arbeiter den Aufzug, und der Darsteller wird schnell auf die Bühne gehoben.

Umkleideraum für die männlichen Chormitglieder

AUF UND A...
Das Opernhaus ist neun Stockwerke hoch, deshalb ist ein Aufzug unumgänglich.

UMKLEIDERAUM FÜR WEIBLICHE CHORMITGLIEDER
Den Chormitgliedern steht ein großer Umkleide-raum zur Verfügung. Die Kostümbildner fangen schon frühmorgens an, die vielen Kostüme zu waschen, auszubessern und zu bügeln.

UMKLEIDERAUM EINES SOLISTEN
Nur Solisten oder Hauptdar-steller haben eigene Umklei-deräume. Die Zimmer sind winzig, doch bekannte Stars steht eine ganze Zimmer-flucht zur Verfügung – ein Umkleideraum mit Empfangs-zimmer für Freunde und Fans.

Die Lok, von vorn gesehen

Der Führerstand

Im Führerstand befinden sich die Steuerungseinrichtungen der Lokomotive. Der Lokführer wurde in seiner Sicht oft durch Dampf oder Rauch behindert. Der Heizer warf Kohle ins Feuer. Er mußte die Zugstrecke kennen, damit er wußte, wann er stärker einheizen mußte, um mehr Kraft zu erzeugen.

Der Kohlenwagen

Dampfloks fuhren mit Kohle und Wasser; beides war im Kohlenwagen vorhanden. Außerdem gab es dort einen Durchgang, den das Ersatzpersonal benutzen konnte, wenn Lokführer und Heizer ohne Zwischenhalt abgelöst werden sollten.

Blick auf den Führerstand mit den Instrumenten

Die Lok von unten

So sah das Wartungspersonal im Lokomotivschuppen die Lok, wenn es zum Beispiel darum ging, die Asche aus dem Rost der Feuerbüchse zu entfernen.

Blick auf die Unterseite von Lokomotive und Kohlenwagen

Die Waggons

Die Waggons wurden von Facharbeitern gebaut. Ihr Rahmen bestand meistens aus Teakholz. Um 1930, als der hier abgebildete Wagen entstand, wurden bereits viele Teile aus Stahl gefertigt. Später wurden manche Wagen mit Stahlrahmen so angestrichen, daß sie innen wie Teakholz aussahen!

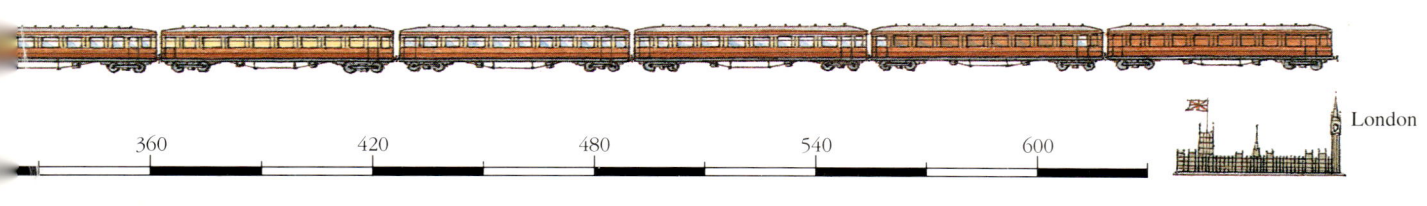

360   420   480   540   600   London

Der U-Bahnhof

Auf der ganzen Welt stehen die Großstädte vor enormen Verkehrsproblemen. Es gibt einfach nicht so viele Straßen, daß der Verkehr fließen kann, und es gibt auch keinen Platz, um weitere zu bauen. Um die Fahrt in und durch die großen Städte zu beschleunigen, haben die Stadtplaner Untergrundbahnen, kurz U-Bahnen genannt, gebaut. Die Fahrgäste betreten das Tunnelnetz an einer der vielen Stationen. Unter der Erde erreichen sie rasch ihr Ziel und kommen dort, blinzelnd wie Maulwürfe, die aus einem Maulwurfshügel klettern, zurück ans Tageslicht. Untergrundbahnen sind nur scheinbar eine moderne Erfindung; die erste U-Bahn wurde schon vor über 125 Jahren in London in England eröffnet.

VON OBEN NACH UNTEN
Die Treppen von der Straße nach unten sind breit, damit sie zu Spitzenzeiten von vielen Menschen gleichzeitig benutzt werden können. Ein leicht erkennbares Zeichen über dem Eingang zeigt, wo sich der Eingang zur U-Bahn befindet.

TELEFONZELLEN
In den meisten U-Bahnstationen gibt es öffentliche Telefonapparate.

DER KONTROLLRAUM
Von hier aus überwacht das Bahnhofspersonal die Fahrt der Züge und beobachtet mit Hilfe von Fernsehkameras, ob es Probleme auf dem Bahnsteig gibt.

STROM ZUM FAHREN
114 Umspannwerke versorgen die Züge auf den Gleisen mit elektrischem Strom.

TUNNELABSCHNITTE
Oft bestehen die Tunnels aus gußeisernen Einzelabschnitten, die mit Bolzen zu einer langen Röhre zusammengefügt wurden. Aber nicht alle Tunnelabschnitte sind röhrenförmig gebaut. Nahe der Erdoberfläche wurden einfach tiefe Gräben ausgehoben, die mit normalem Straßenpflaster abgedeckt sind.

FRISCHE LUFT
Über 100 Ventilatoren pumpen Luft in das Tunnelnetz.

FAHRKARTEN BITTE ABGEBEN!
Beim Verlassen des U-Bahnnetzes werden die Fahrkarten automatisch eingesammelt. Die Karten sind mit einem Magnetstreifen versehen, auf dem der Fahrgeldbetrag und der Name des Bahnhofs steht, an dem der Fahrgast zugestiegen ist. Ist jemand zu weit gefahren, wird er am Tor festgehalten und muß die Differenz bezahlen.

STROMLEITUNGEN
Die ersten U-Bahnzüge wurden mit Dampf betrieben, doch heute fahren alle mit elektrischem Strom. Die Londoner U-Bahn besitzt eigene Kraftwerke, die so viel Strom erzeugen, daß er für die Versorgung einer Stadt mit 200.000 Einwohnern ausreichen würde.

LUFTAUSTAUSCH
Damit die Züge, die in beiden Richtungen verkehren, Frischluft bekommen, gibt es Querverbindungen zwischen den beiden Zugtunnels.

WANN KOMMT DER ZUG?
Eine elektronische Anzeigetafel sagt den Fahrgästen, wie lange sie auf den nächsten Zug warten müssen.

GLEISE UND SCHIENEN
Zusätzlich zu den beiden Fahrgleisen, auf denen die Zugräder laufen, beliefern zwei weitere Stromschienen die Züge mit 630 Volt starkem elektrischem Strom.

Der Boden ist gefliest.

WIE WEIT GEHT'S ABWÄRTS?
Die Tunnelröhren liegen rund 25 m unter der Erde. Die nahe der Erdoberfläche verlaufenden Trogstrecken liegen meist höchstens 7,50 m unter der Erde. Nicht überall fährt die Londoner U-Bahn unterirdisch: außerhalb des Stadtzentrums bewegen sich die Züge zu ebener Erde.

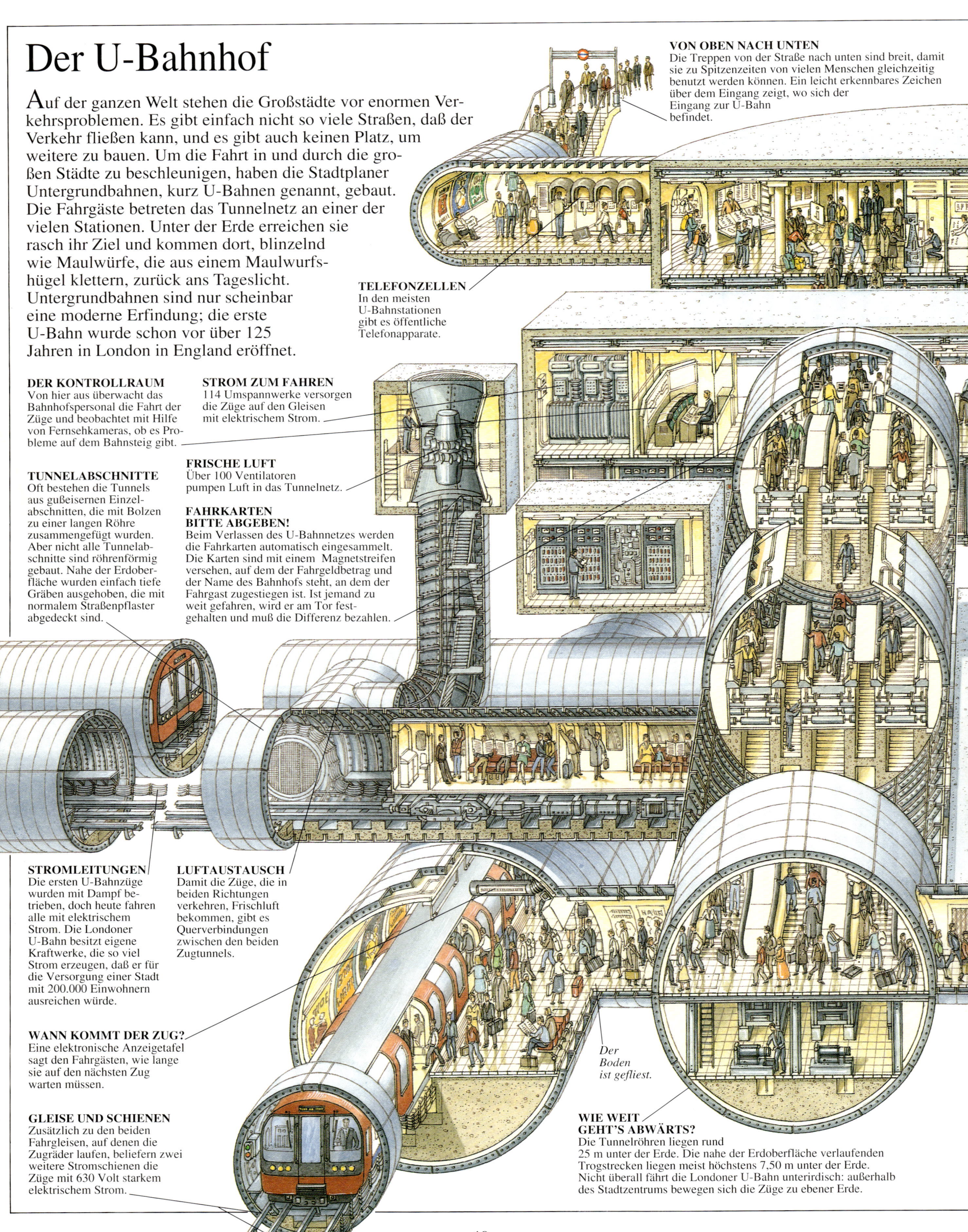

Die Lok, von vorn gesehen

Der Führerstand

Im Führerstand befinden sich die Steuerungseinrichtungen der Lokomotive. Der Lokführer wurde in seiner Sicht oft durch Dampf oder Rauch behindert. Der Heizer warf Kohle ins Feuer. Er mußte die Zugstrecke kennen, damit er wußte, wann er stärker einheizen mußte, um mehr Kraft zu erzeugen.

Der Kohlenwagen

Dampfloks fuhren mit Kohle und Wasser; beides war im Kohlenwagen vorhanden. Außerdem gab es dort einen Durchgang, den das Ersatzpersonal benutzen konnte, wenn Lokführer und Heizer ohne Zwischenhalt abgelöst werden sollten.

Blick auf den Führerstand mit den Instrumenten

Die Lok von unten

So sah das Wartungspersonal im Lokomotivschuppen die Lok, wenn es zum Beispiel darum ging, die Asche aus dem Rost der Feuerbüchse zu entfernen.

Blick auf die Unterseite von Lokomotive und Kohlenwagen

Die Waggons

Die Waggons wurden von Facharbeitern gebaut. Ihr Rahmen bestand meistens aus Teakholz. Um 1930, als der hier abgebildete Wagen entstand, wurden bereits viele Teile aus Stahl gefertigt. Später wurden manche Wagen mit Stahlrahmen so angestrichen, daß sie innen wie Teakholz aussahen!

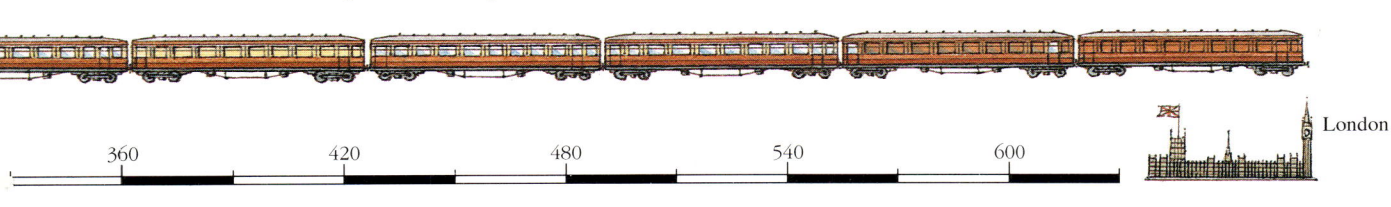

360   420   480   540   600

London

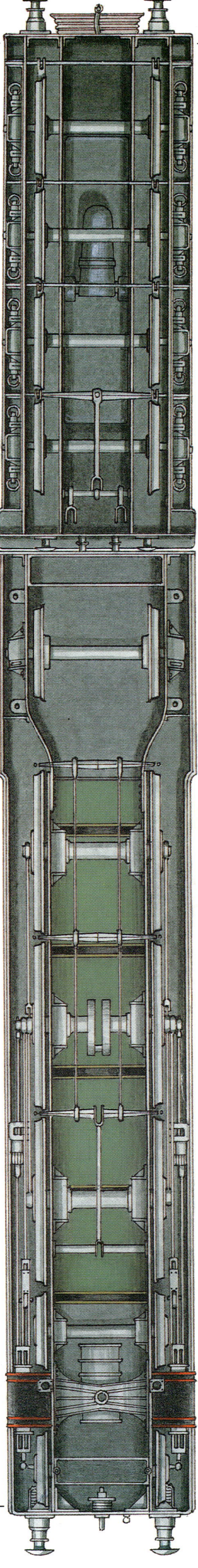

ZEHN GLEICHE WAGGONS
Es wurden jeweils 8, 10, 12 oder sogar 14 gleiche Waggons aneinandergehängt. Die hier abgebildeten Waggons sollen nur zeigen, welche verschiedenen Möglichkeiten den Reisenden um 1930 zur Verfügung standen. In Wahrheit waren die Züge anders zusammengestellt.

DIE COCKTAILBAR
Um 1930 waren Cocktails (Mixgetränke mit Alkohol) sehr beliebt. Deshalb gab es eine Cocktailbar, komplett mit Barhockern. Sie waren am Boden festgeschraubt, damit die Gäste an der Bar infolge der Wirkung der starken Getränke und der Bewegung des Zuges nicht den Halt verloren.

Zahlen, Zahlen, Zahlen	
Dampflokomotive Flying Scotsman	
Länge ohne Kohlenwagen	13,10 m
Breite über dem Führerstand	2,74 m
Höhe	3,90 m
Durchmesser eines Rades	2,03 m
Höchstgewicht	96 Tonnen
Zugkraft	16.540 kg

ROLLENDE POST
Die Eisenbahn stellte ein wichtiges Glied im Postverteilersystem dar. Auf einigen Zügen sortierten Postbeamte die Briefe während der Fahrt, um die Zustellzeit zu verkürzen.

WAGGONS AUS STAHL
Um 1930 wurden die älteren Holzwaggons von neuen aus Stahl abgelöst. Manchmal war das Metall so angestrichen, daß es wie Holz aussah.

DER WACHMANN
Gepäck, das nicht in die Abteile paßte, wurde im Abteil des Wachmanns befördert.

POST-STATIONEN AN DER STRECKE
Die „Rollende Post" nahm Postsäcke mit, ohne eigens anzuhalten. Postbeamte hängten die Postsäcke an ein Gestell neben dem Gleis, und ein besonders konstruierter Haken hob sie ab, während der Zug vorbeifuhr.

IM FRISEURSALON
Männer und Frauen konnten sich im Zug das Haar schneiden und legen lassen, und es gab sogar ein bequemes Wartezimmer für die Passagiere.

DIE KÜCHE
In der engen Küche stand ein elektrischer Herd. Generatoren und Batterien hatten jedoch nur eine begrenzte Leistung, deshalb wurde der Bratofen mit einem Kohlenfeuer beheizt.

DIE TOILETTEN
Beim Spülen der Toilette entleerte sich deren Inhalt direkt auf die Gleise. Deshalb liefen die Streckenposten neben und nicht auf den Gleisen entlang.

Wer fährt alles mit?
In den Schnellzügen der dreißiger Jahre war viel Personal beschäftigt. Lokführer und Heizer fuhren die Lokomotive. Der Wachmann kümmerte sich um das Gepäck und die Sicherheit bei der Abfahrt. Der Zugschaffner prüfte, ob jeder in der richtigen Klasse saß. Kellner servierten die von den Köchen zubereiteten Mahlzeiten. Der Friseur kümmerte sich um die Haarpracht der Fahrgäste, und der Filmvorführer zeigte im Kinowagen Filme. Schließlich sortierten Postbeamte in der „Rollenden Post" die Briefe.

Das Zugpersonal auf einen Blick

Lokführer   *Heizer*   *Wachmann*

Zugschaffner   *Köche*

Kellner und Gepäckträger   *Barmann*

Filmvorführer   *Friseur*   *Postbeamte*

Die Fahrgäste

72 Personen in der ersten Klasse

255 Personen in der dritten Klasse

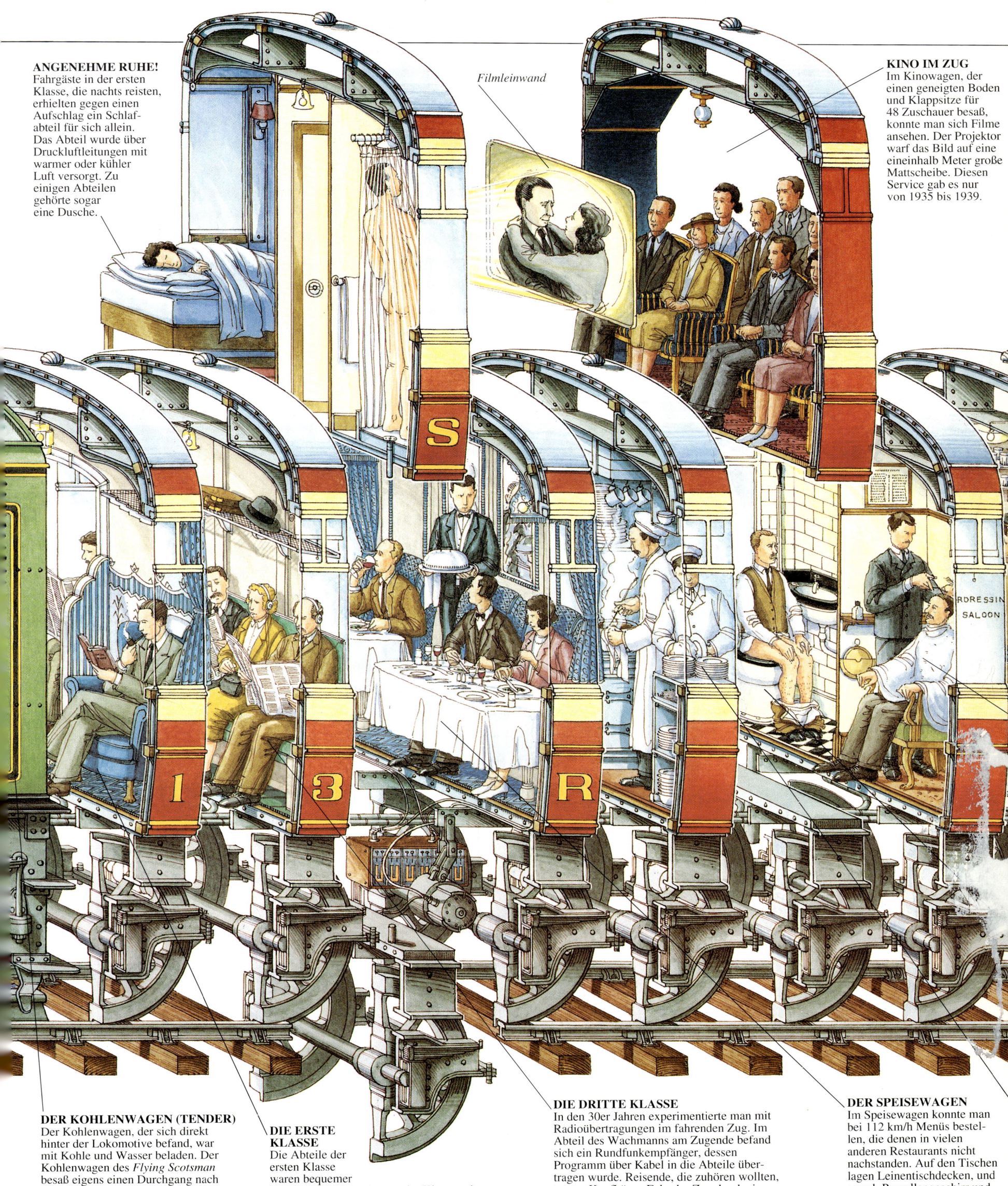

ANGENEHME RUHE!
Fahrgäste in der ersten Klasse, die nachts reisten, erhielten gegen einen Aufschlag ein Schlafabteil für sich allein. Das Abteil wurde über Druckluftleitungen mit warmer oder kühler Luft versorgt. Zu einigen Abteilen gehörte sogar eine Dusche.

Filmleinwand

KINO IM ZUG
Im Kinowagen, der einen geneigten Boden und Klappsitze für 48 Zuschauer besaß, konnte man sich Filme ansehen. Der Projektor warf das Bild auf eine eineinhalb Meter große Mattscheibe. Diesen Service gab es nur von 1935 bis 1939.

DER KOHLENWAGEN (TENDER)
Der Kohlenwagen, der sich direkt hinter der Lokomotive befand, war mit Kohle und Wasser beladen. Der Kohlenwagen des *Flying Scotsman* besaß eigens einen Durchgang nach vorn zum Führerstand. So konnte sich das Lokpersonal auf langen Strecken ablösen lassen, ohne daß der Zug halten mußte.

DIE ERSTE KLASSE
Die Abteile der ersten Klasse waren bequemer als die der dritten; eine zweite Klasse gab es nicht. Eine Besonderheit der ersten Klasse waren Scheiben aus sogenanntem „Vita-Glas", das „nur die gesunden Sonnenstrahlen" hineinließ.

DIE DRITTE KLASSE
In den 30er Jahren experimentierte man mit Radioübertragungen im fahrenden Zug. Im Abteil des Wachmanns am Zugende befand sich ein Rundfunkempfänger, dessen Programm über Kabel in die Abteile übertragen wurde. Reisende, die zuhören wollten, trugen Kopfhörer. Fuhr der Zug durch einen Tunnel, konnte man nichts hören, und der Wachmann legte eine Platte auf, damit keine Pause entstand.

DER SPEISEWAGEN
Im Speisewagen konnte man bei 112 km/h Menüs bestellen, die denen in vielen anderen Restaurants nicht nachstanden. Auf den Tischen lagen Leinentischdecken, und es gab Porzellangeschirr und richtige Gläser – Teller aus Papier und Plastik waren damals unbekannt.

Der U-Bahnhof

Auf der ganzen Welt stehen die Großstädte vor enormen Verkehrsproblemen. Es gibt einfach nicht so viele Straßen, daß der Verkehr fließen kann, und es gibt auch keinen Platz, um weitere zu bauen. Um die Fahrt in und durch die großen Städte zu beschleunigen, haben die Stadtplaner Untergrundbahnen, kurz U-Bahnen genannt, gebaut. Die Fahrgäste betreten das Tunnelnetz an einer der vielen Stationen. Unter der Erde erreichen sie rasch ihr Ziel und kommen dort, blinzelnd wie Maulwürfe, die aus einem Maulwurfshügel klettern, zurück ans Tageslicht. Untergrundbahnen sind nur scheinbar eine moderne Erfindung; die erste U-Bahn wurde schon vor über 125 Jahren in London in England eröffnet.

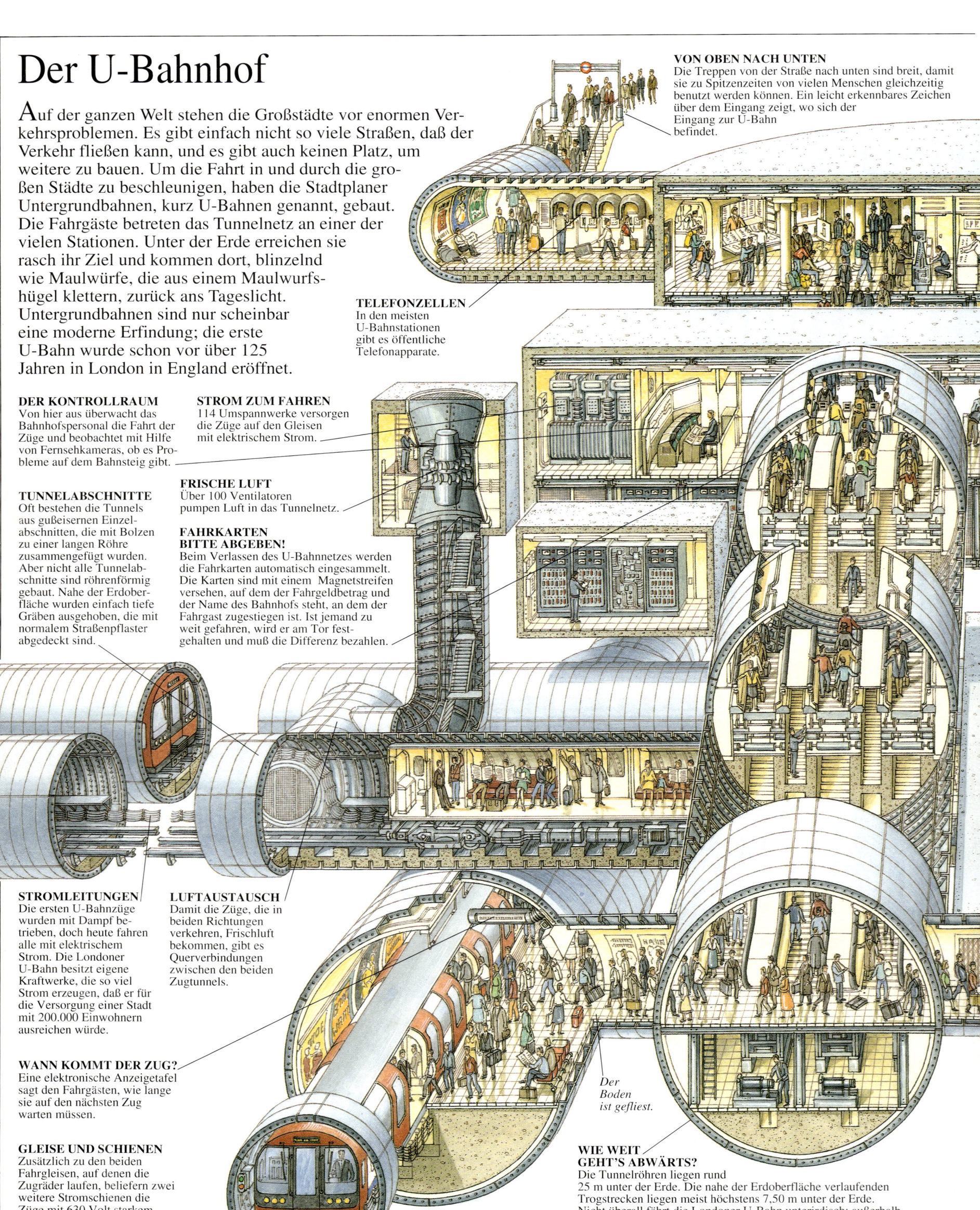

VON OBEN NACH UNTEN
Die Treppen von der Straße nach unten sind breit, damit sie zu Spitzenzeiten von vielen Menschen gleichzeitig benutzt werden können. Ein leicht erkennbares Zeichen über dem Eingang zeigt, wo sich der Eingang zur U-Bahn befindet.

TELEFONZELLEN
In den meisten U-Bahnstationen gibt es öffentliche Telefonapparate.

DER KONTROLLRAUM
Von hier aus überwacht das Bahnhofspersonal die Fahrt der Züge und beobachtet mit Hilfe von Fernsehkameras, ob es Probleme auf dem Bahnsteig gibt.

STROM ZUM FAHREN
114 Umspannwerke versorgen die Züge auf den Gleisen mit elektrischem Strom.

TUNNELABSCHNITTE
Oft bestehen die Tunnels aus gußeisernen Einzelabschnitten, die mit Bolzen zu einer langen Röhre zusammengefügt wurden. Aber nicht alle Tunnelabschnitte sind röhrenförmig gebaut. Nahe der Erdoberfläche wurden einfach tiefe Gräben ausgehoben, die mit normalem Straßenpflaster abgedeckt sind.

FRISCHE LUFT
Über 100 Ventilatoren pumpen Luft in das Tunnelnetz.

FAHRKARTEN BITTE ABGEBEN!
Beim Verlassen des U-Bahnnetzes werden die Fahrkarten automatisch eingesammelt. Die Karten sind mit einem Magnetstreifen versehen, auf dem der Fahrgeldbetrag und der Name des Bahnhofs steht, an dem der Fahrgast zugestiegen ist. Ist jemand zu weit gefahren, wird er am Tor festgehalten und muß die Differenz bezahlen.

STROMLEITUNGEN
Die ersten U-Bahnzüge wurden mit Dampf betrieben, doch heute fahren alle mit elektrischem Strom. Die Londoner U-Bahn besitzt eigene Kraftwerke, die so viel Strom erzeugen, daß er für die Versorgung einer Stadt mit 200.000 Einwohnern ausreichen würde.

LUFTAUSTAUSCH
Damit die Züge, die in beiden Richtungen verkehren, Frischluft bekommen, gibt es Querverbindungen zwischen den beiden Zugtunnels.

WANN KOMMT DER ZUG?
Eine elektronische Anzeigetafel sagt den Fahrgästen, wie lange sie auf den nächsten Zug warten müssen.

GLEISE UND SCHIENEN
Zusätzlich zu den beiden Fahrgleisen, auf denen die Zugräder laufen, beliefern zwei weitere Stromschienen die Züge mit 630 Volt starkem elektrischem Strom.

Der Boden ist gefliest.

WIE WEIT GEHT'S ABWÄRTS?
Die Tunnelröhren liegen rund 25 m unter der Erde. Die nahe der Erdoberfläche verlaufenden Trogstrecken liegen meist höchstens 7,50 m unter der Erde. Nicht überall fährt die Londoner U-Bahn unterirdisch: außerhalb des Stadtzentrums bewegen sich die Züge zu ebener Erde.

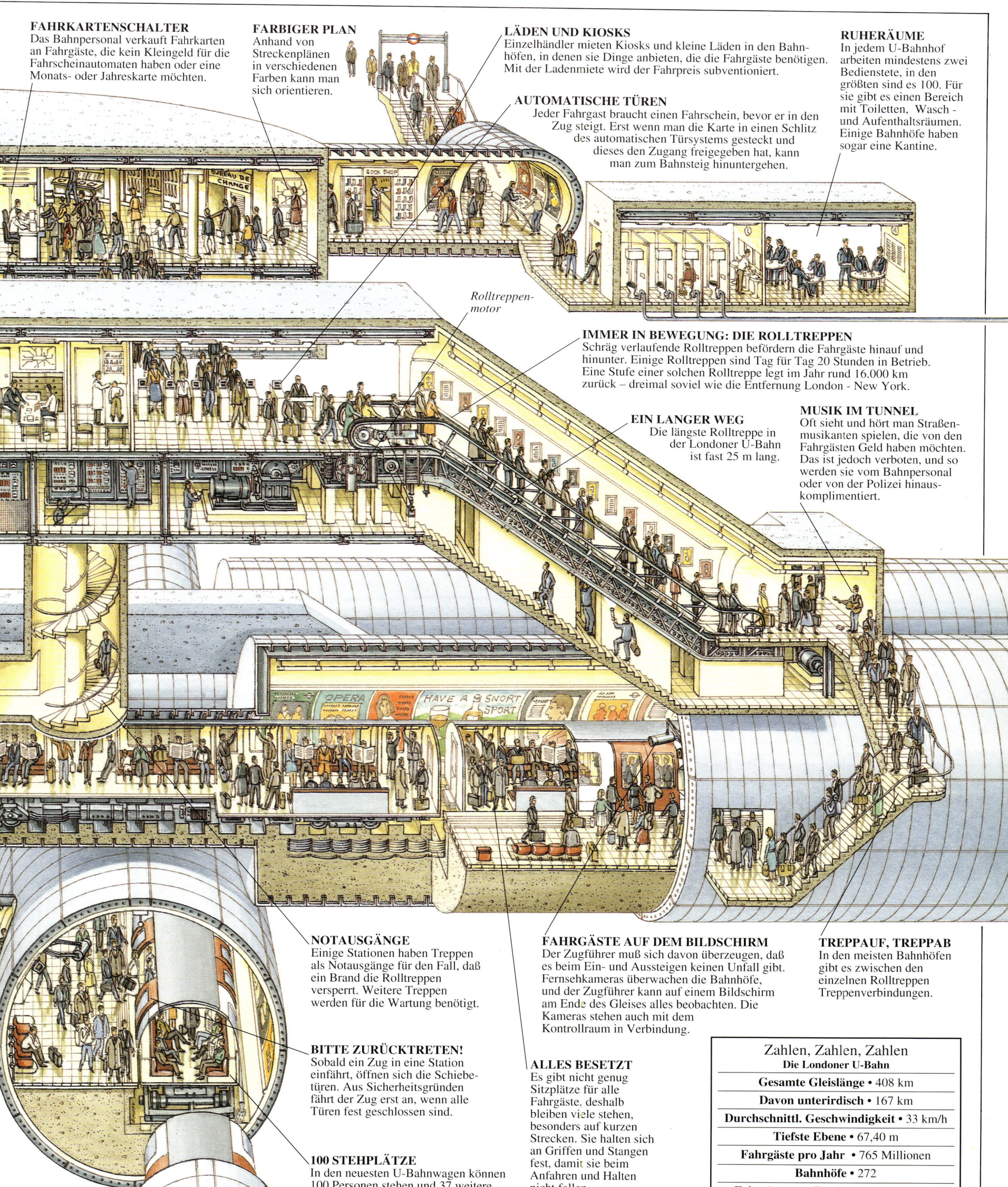

FAHRKARTENSCHALTER
Das Bahnpersonal verkauft Fahrkarten an Fahrgäste, die kein Kleingeld für die Fahrscheinautomaten haben oder eine Monats- oder Jahreskarte möchten.

FARBIGER PLAN
Anhand von Streckenplänen in verschiedenen Farben kann man sich orientieren.

LÄDEN UND KIOSKS
Einzelhändler mieten Kiosks und kleine Läden in den Bahnhöfen, in denen sie Dinge anbieten, die die Fahrgäste benötigen. Mit der Ladenmiete wird der Fahrpreis subventioniert.

RUHERÄUME
In jedem U-Bahnhof arbeiten mindestens zwei Bedienstete, in den größten sind es 100. Für sie gibt es einen Bereich mit Toiletten, Wasch- und Aufenthaltsräumen. Einige Bahnhöfe haben sogar eine Kantine.

AUTOMATISCHE TÜREN
Jeder Fahrgast braucht einen Fahrschein, bevor er in den Zug steigt. Erst wenn man die Karte in einen Schlitz des automatischen Türsystems gesteckt und dieses den Zugang freigegeben hat, kann man zum Bahnsteig hinuntergehen.

Rolltreppen-motor

IMMER IN BEWEGUNG: DIE ROLLTREPPEN
Schräg verlaufende Rolltreppen befördern die Fahrgäste hinauf und hinunter. Einige Rolltreppen sind Tag für Tag 20 Stunden in Betrieb. Eine Stufe einer solchen Rolltreppe legt im Jahr rund 16.000 km zurück – dreimal soviel wie die Entfernung London - New York.

EIN LANGER WEG
Die längste Rolltreppe in der Londoner U-Bahn ist fast 25 m lang.

MUSIK IM TUNNEL
Oft sieht und hört man Straßen-musikanten spielen, die von den Fahrgästen Geld haben möchten. Das ist jedoch verboten, und so werden sie vom Bahnpersonal oder von der Polizei hinaus-komplimentiert.

NOTAUSGÄNGE
Einige Stationen haben Treppen als Notausgänge für den Fall, daß ein Brand die Rolltreppen versperrt. Weitere Treppen werden für die Wartung benötigt.

BITTE ZURÜCKTRETEN!
Sobald ein Zug in eine Station einfährt, öffnen sich die Schiebe-türen. Aus Sicherheitsgründen fährt der Zug erst an, wenn alle Türen fest geschlossen sind.

100 STEHPLÄTZE
In den neuesten U-Bahnwagen können 100 Personen stehen und 37 weitere sitzen. Acht Wagen bilden einen Zug, der also fast 1.100 Personen befördert.

FAHRGÄSTE AUF DEM BILDSCHIRM
Der Zugführer muß sich davon überzeugen, daß es beim Ein- und Aussteigen keinen Unfall gibt. Fernsehkameras überwachen die Bahnhöfe, und der Zugführer kann auf einem Bildschirm am Ende des Gleises alles beobachten. Die Kameras stehen auch mit dem Kontrollraum in Verbindung.

ALLES BESETZT
Es gibt nicht genug Sitzplätze für alle Fahrgäste, deshalb bleiben viele stehen, besonders auf kurzen Strecken. Sie halten sich an Griffen und Stangen fest, damit sie beim Anfahren und Halten nicht fallen.

TREPPAUF, TREPPAB
In den meisten Bahnhöfen gibt es zwischen den einzelnen Rolltreppen Treppenverbindungen.

Zahlen, Zahlen, Zahlen	
Die Londoner U-Bahn	
Gesamte Gleislänge	• 408 km
Davon unterirdisch	• 167 km
Durchschnittl. Geschwindigkeit	• 33 km/h
Tiefste Ebene	• 67,40 m
Fahrgäste pro Jahr	• 765 Millionen
Bahnhöfe	• 272
Fahrgäste pro Tag im meistbenutzten Bahnhof	• 200.000

Der Fischdampfer

Bevor die Menschen lernten, Landwirtschaft zu betreiben, ernährten sie sich von den Körnern, Früchten und jagdbaren Tieren. Heute kommt unsere Nahrung größtenteils vom Bauernhof, aber auf den Weltmeeren wird noch immer Jagd auf Fische gemacht. Moderne Fischdampfer sind vollmechanisierte Fischfangfabriken. Leider dürfte ihr Erfolg aber dazu führen, daß es bald keine Fischerei mehr gibt, weil sich die Fische, die ihren Netzen entkommen, nicht schnell genug vermehren. Dann ist auch der beste Fischdampfer nutzlos, weil es kaum noch Fische zum Fangen gibt.

IM NEBEL SEHEN
Mit den rotierenden Radarscannern kann die Mannschaft auch nachts oder im Nebel weit entfernte Fahrzeuge orten.

DIE VORDERE KRANBRÜCKE
Die beiden Kranbrücken des Schiffes tragen das Hebezeug, mit dem die Netze eingeholt werden.

FLASCHENZÜGE
Rollen und Blöcke (Flaschenzüge) ermöglichen es der Mannschaft, das schwere Netz mit den Fischen an Oberdeck zu bewegen.

HYDRAULISCHE WINDEN
Zum Ausbringen oder Einholen des Netzes braucht man hydraulische Winden.

Antennenmast

VORSICHT, SCHLEPPNETZ!
Die großen Schleppnetze sind eine Gefahr für andere Fahrzeuge. Wird nachts gefischt, müssen deshalb besondere Warnlichter gesetzt werden.

DIE NETZWINDE
Eine kleinere Winde unter der Kranbrücke zieht die Trossen, mit denen das Netz auf Deck bewegt wird.

DIE NETZTROMMEL
Nachdem das Netz geleert ist, wird es um die Netztrommel gewickelt.

DER REFLEKTORKOMPASS
Der Schiffskompaß oben auf der Brücke ist mit einer optischen Übertragungsanlage ausgerüstet, so daß der Steuermann den Kurs unten im Steuerhaus klar erkennen kann.

DER KAPITÄN
Genau wie auf anderen Schiffen hat auch auf dem Fischdampfer ein Kapitän das Kommando.

SICHERHEIT ZUERST
Hecktrawler sind sicherer als die älteren Schiffe, bei denen das Netz seitlich an Bord gehievt wurde, aber solche Rettungsmittel werden immer noch gebraucht.

WENIG PLATZ
Der Raum an Bord ist sehr begrenzt, und kein Besatzungsmitglied hat eine große Kabine. Nur der Kapitän und sein Maat haben etwas mehr Platz.

DER FUNKRAUM
Über Sprechfunk hält das Schiff Kontakt zum Heimathafen. Hat die Besatzung ergiebige Fischgründe gefunden, bleibt das Funkgerät oft still, weil niemand möchte, daß andere Fischdampfer anhand des Funksignals den Platz ausfindig machen können.

DIE BRÜCKE
Von der Brücke (dem Steuerhaus) hat der Steuermann freie Sicht auf alle Decks und aufs Wasser.

Suchscheinwerfer

Kombüse (Küche)

Kapitänskajüte
Maatskajüte
Mannschaftskajüte

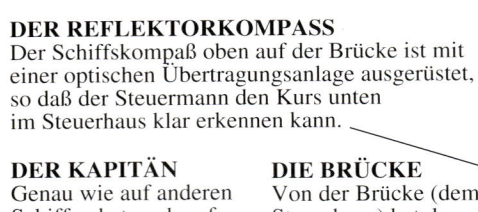

DIE ANKERWINDE
Eine leistungsfähige Winde holt den Anker ein, wenn das Schiff die Fischgründe verläßt.

DER ANKER
Das Schiff besitzt zwei Anker – je einen an jeder Rumpfseite.

Ankerwindenmotor

DIE ANKERKETTENLAST
Nachdem die lange Ankerkette von der Winde eingeholt worden ist, wird sie hier verstaut.

WASSER ALS BALLAST
Ist das Schiff nicht voll beladen, wird Seewasser in den Ballasttank gepumpt, damit das Schiff geradeliegt. Sobald die Mannschaft Fisch gefangen und verstaut hat, wird das Wasser aus dem Tank als Ausgleich für das zusätzliche Gewicht herausgepumpt.

RIPPENKONSTRUKTION
Das Schiff muß in der Lage sein, sich in den arktischen Fischgründen auch im Eis und bei hoher See zu bewegen. Deshalb sind die Stahlplatten des Rumpfes durch eine Rippenkonstruktion verstärkt.

DER KARTENRAUM
Auch für die Weltmeere gibt es besondere Karten – Seekarten. Darauf sind Küstenverlauf, Wassertiefe und Leuchttürme eingezeichnet.

Frischwassertanks

DER MASCHINENKONTROLLRAUM
Dieser Raum ist wegen des Maschinenlärms gut isoliert, deshalb ist es dort einigermaßen ruhig.

Öltanks

DIE MESSE
Die Mannschaft nimmt zwischendurch ihre Mahlzeiten schnell in der Messe ein.

Aufenthaltsraum

ELEKTRONIK AN BORD
Fischdampfer sind mit elektronischen Navigationshilfen ausgerüstet. Sie registrieren Leuchtturm- und Satellitensignale. So läßt sich der Standort des Schiffes bis auf 100 m genau bestimmen. Mit Sonar (Unterwasserradar) ortet die Mannschaft Fischschwärme.

Kessel

Kraftstoff-/tanks

DER MASCHINENRAUM
Die 2.500 PS starke Hauptmaschine treibt das Schiff mit 14 Knoten (26 km/h) vorwärts.

Zahlen, Zahlen, Zahlen

Länge • 60 m	
Breite • 11,50 m	
Gewicht • 940 Tonnen	
Gefrierkapazität • 30 Tonnen pro Tag	
Ladekapazität • 600 Tonnen	

Trawler fischen, indem sie ein Netz hinter sich herschleppen, während sie durchs Wasser fahren. Der hier abgebildete Hecktrawler ist eine Weiterentwicklung der Walfangschiffe aus den fünfziger Jahren, auf denen die Wale am Heck an Bord gezogen wurden. Gefriereinrichtungen, die sich um 1960 allgemein durchsetzten, erlauben sehr viel längere Fahrten, weil der gefangene Fisch während der Reise nicht mehr verdirbt.

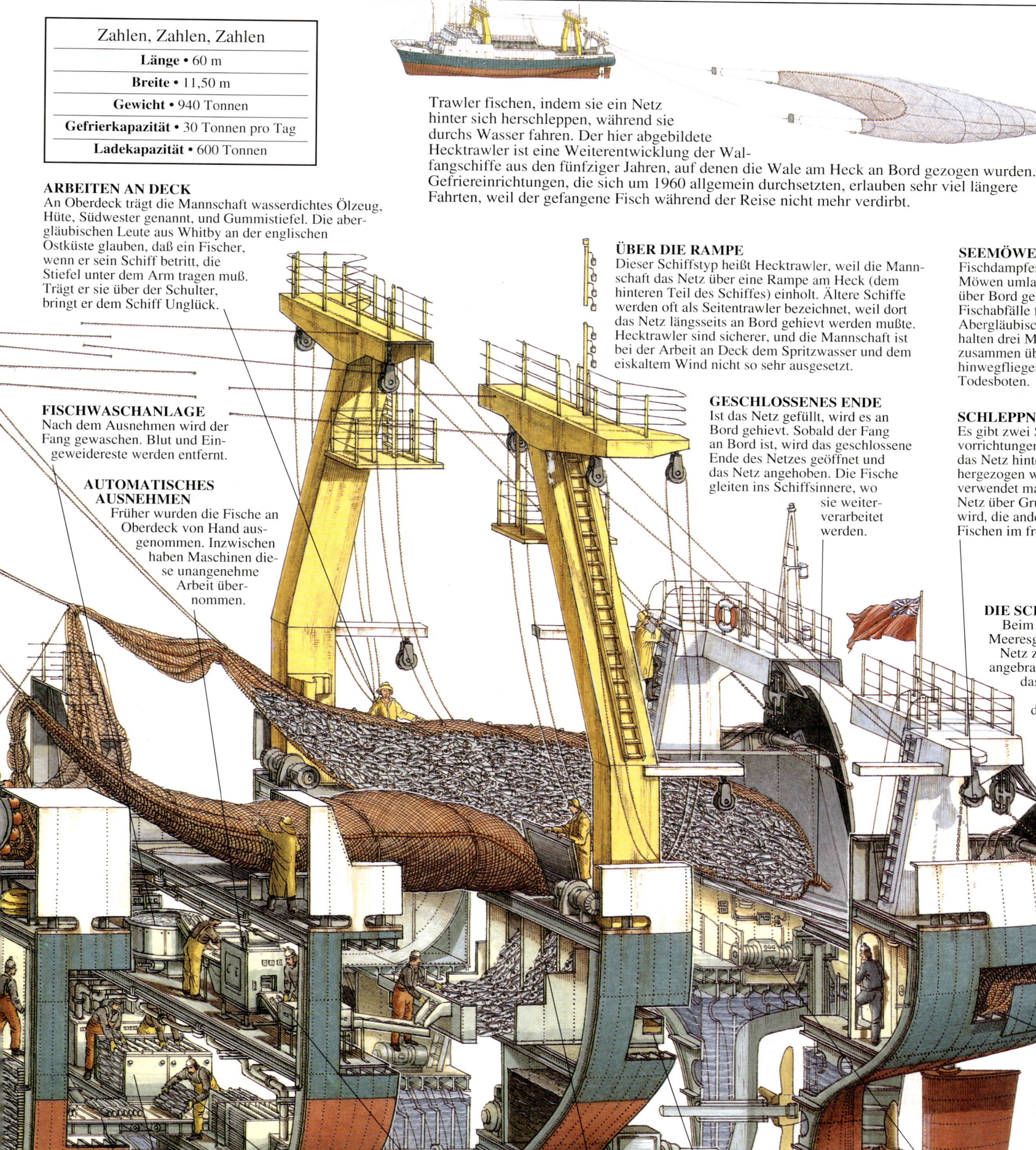

ARBEITEN AN DECK
An Oberdeck trägt die Mannschaft wasserdichtes Ölzeug, Hüte, Südwester genannt, und Gummistiefel. Die abergläubischen Leute aus Whitby an der englischen Ostküste glauben, daß ein Fischer, wenn er sein Schiff betritt, die Stiefel unter dem Arm tragen muß. Trägt er sie über der Schulter, bringt er dem Schiff Unglück.

FISCHWASCHANLAGE
Nach dem Ausnehmen wird der Fang gewaschen. Blut und Eingeweidereste werden entfernt.

AUTOMATISCHES AUSNEHMEN
Früher wurden die Fische an Oberdeck von Hand ausgenommen. Inzwischen haben Maschinen diese unangenehme Arbeit übernommen.

ÜBER DIE RAMPE
Dieser Schiffstyp heißt Hecktrawler, weil die Mannschaft das Netz über eine Rampe am Heck (dem hinteren Teil des Schiffes) einholt. Ältere Schiffe werden oft als Seitentrawler bezeichnet, weil dort das Netz längsseits an Bord gehievt werden mußte. Hecktrawler sind sicherer, und die Mannschaft ist bei der Arbeit an Deck dem Spritzwasser und dem eiskaltem Wind nicht so sehr ausgesetzt.

GESCHLOSSENES ENDE
Ist das Netz gefüllt, wird es an Bord gehievt. Sobald der Fang an Bord ist, wird das geschlossene Ende des Netzes geöffnet und das Netz angehoben. Die Fische gleiten ins Schiffsinnere, wo sie weiterverarbeitet werden.

SEEMÖWEN
Fischdampfer sind oft von Möwen umlagert, die die über Bord geworfenen Fischabfälle fressen. Abergläubische Seeleute halten drei Möwen, die zusammen über das Schiff hinwegfliegen, für Todesboten.

SCHLEPPNETZROLLEN
Es gibt zwei Schleppvorrichtungen, an denen das Netz hinter dem Schiff hergezogen wird. Eine davon verwendet man, wenn das Netz über Grund geschleppt wird, die andere für das Fischen im freien Wasser.

DIE SCHERBRETTER
Beim Fischen auf dem Meeresgrund werden am Netz zwei Scherbretter angebracht. Das Wasser, das zwischen ihnen hindurchströmt, drückt sie auseinander, so daß das Netz weit geöffnet bleibt.

DIE SCHLEPPNETZLAST
Das Schiff hat Reservenetze an Bord, falls auf dem Meer eines verlorengeht. Die unhandlichen Netze sind in einem Raum (einer Last) am Heck verstaut, wo sie niemandem im Weg sind.

DER KÜHLRAUM
Unten im Schiffsbauch liegt der große Kühlraum, in dem der Fang bei 20° Kälte in festen Blocks für den Transport eingefroren wird.

SENKRECHT GESTAPELT
Die tiefgefrorenen Blocks oder Platten mit Fisch wiegen etwa 50 kg. Die Gefrieranlage kann pro Tag 30 Tonnen Fisch verarbeiten.

AM LAUFENDEN BAND
Der eingefrorene Fisch wird auf einem Fließband in den Lagerraum befördert.

AUSHEBEN VON GEFRIERFISCH
Das Einfrieren dauert rund eine Stunde, dann werden die festen Blocks herausgenommen und auf das Fließband gepackt.

KÖPFMASCHINEN
Die Fische werden in einem Stück eingefroren, aber der Fang ist größtenteils für die Weiterverarbeitung zu Fischfertigprodukten bestimmt. Um Stauraum einzusparen, werden die Köpfe der Tiere gleich an Bord entfernt.

FISCHRUTSCHE
Die Fische gleiten über eine Rutsche auf ein weiteres Fließband.

DIE SCHIFFSSCHRAUBEN
Die Anstellwinkel der Schiffsschraubenflügel können, je nach Fahrtgeschwindigkeit, unterschiedlich eingestellt werden.

LEBERTRANBEHÄLTER
Beim Ausnehmen und Filettieren der Fische fallen reichlich Nebenprodukte an. Dieses Schiff hat einen großen Behälter, der über 40 Tonnen Lebertran faßt.

DIE RUDERANTRIEBSEINHEIT
Diese Apparaturen steuern die Bewegungen des Ruders, das den Kurs des Schiffes bestimmt.

Der Wolkenkratzer

Vor nicht allzu langer Zeit sahen unsere Städte ganz anders aus als heute. Vor 1880 gab es kaum Häuser, die höher als fünf Stockwerke waren. Das lag vor allem an den Treppen: niemand hatte Lust, zu Fuß höher zu steigen. Ein weiteres Hindernis war die Stärke der Mauern, die ja das große Gewicht des Hauses zu tragen hatten. Mit der Erfindung des Sicherheitsaufzugs durch Elisha Otis (1811-1861) im Jahr 1852 war das erste Problem gelöst. Das zweite bekam man erst um 1870 in den Griff, als widerstandsfähiger Stahl das weniger belastbare Gußeisen ablöste. Nun konnte man die Gebäude mit einer starken Rahmenkonstruktion versehen, die das Gewicht der einzelnen Stockwerke trug. Die Mauern konnten von da an dünner und leichter sein. Sie konnten sogar aus Glas bestehen. Der Wolkenkratzer war geboren! Hier siehst du einen der bekanntesten, das *Empire State Building* in New York.

DIE AUSSICHTSPLATTFORM
Von der Aussichtsplattform im 102. Stock kann man an klaren Tagen 125 km weit sehen. Jedes Jahr kommen zwei Millionen Besucher, um die Aussicht zu genießen, doch viele sind enttäuscht, weil das Gebäude oft in Nebel gehüllt ist.

DER FERNSEHMAST
Die Spitze des 67 m hohen Fernsehmasts liegt 443 m über dem Boden.

AUSSICHTSFENSTER
Weil die Höhenwinde am Gebäude oft von unten nach oben streichen, kann man Regen oder Schnee manchmal nach oben statt nach unten fallen sehen.

VERTÄUUNG FÜR LUFTSCHIFFE
Die ursprünglichen Besitzer des *Empire State Building* hatten den Plan, auf dem Dach einen Vertäuungsmast für Luftschiffe aufzurichten. Damals glaubte man, zwischen Europa und den Vereinigten Staaten könnten bald regelmäßig Luftschiffe verkehren. Aber das Anlegen von Luftschiffen am Mast erwies sich als äußerst gefährlich. So gab man die Idee wieder auf.

Fahrstuhlmotoren

SCHNELLAUFZÜGE
Die schnellsten Aufzüge befördern die Besucher mit einer Geschwindigkeit von über 350 m pro Minute hinauf in die Aussichtsgalerien.

VIELE BÜROS
Damit das Tageslicht überall hingelangen kann, ist kein Büroraum weiter als 8,50 m vom nächsten Fenster entfernt. Diese Grundregel wurde festgelegt, als das Gebäude in Auftrag gegeben wurde. Hätte man damals größere Räume bauen dürfen, sähe das *Empire State Building* vermutlich ganz anders aus.

FENSTERPUTZEN IN GROSSER HÖHE
Die Fensterputzer arbeiten auf an Seilwinden hängenden Gestellen, die am Dach des 80. Stockwerks aufgehängt sind. Jedes der 6.500 Fenster wird einmal im Monat geputzt. Die Arbeit wird durch den starken Wind erschwert, der dazu führt, daß das Wasser am Fenster hinauf- und nicht hinunterläuft.

DER KERN DES GANZEN
Die besondere Idee beim Entwurf des Gebäudes war der „Kern" in der Mitte des Gebäudes, der vom Boden bis zum obersten Stockwerk reicht. Darin sind die Aufzüge und alle Versorgungsanschlüsse wie Strom-, Telefon-, Klima-, Wasser- und Gasleitungen untergebracht.

TREPPEN OHNE ENDE
Von der Straße bis in den 102. Stock sind es genau 1.860 Stufen.

PLATZ IN DER DECKE
Die Decken sind innen hohl. Im Zwischenraum verlaufen Kabel, Telefonleitungen und Rohre.

EINE EIGENE POST
Das Gebäude ist so groß, daß es ein eigenes Postamt benötigt. Im Postraum wird die ausgehende Post sortiert, die auf Rutschen aus allen Stockwerken eintrifft.

PFAHLBAU
Über 200 in den Boden getriebene Pfeiler aus Stahl und Beton tragen das Gewicht des *Empire State Building*. Sie ruhen direkt auf dem massiven Fels, zehn Meter unter der Erde.

SOLIDE BASIS
New York ist die Wolkenkratzerstadt schlechthin. Die Insel Manhattan in der Mitte der Stadt besteht aus Granit, das ein festes Fundament für die unzähligen riesigen Gebäude bildet.

DIE FUNDAMENTE
Die Menge des für die Fundamente ausgehobenen Gesteins und Erdreichs entsprach einem Dreiviertel des Gewichts des fertigen Gebäudes.

FLIESSEND WASSER ÜBERALL
Um Wasser bis in die Spitze des Gebäudes zu bringen, braucht man äußerst leistungsfähige Pumpen. Das 100 km lange Leitungsnetz fördert Wasser in alle Stockwerke.

ELEKTRISCHER STROM
Die Mieter im Gebäude verbrauchen jährlich eine Strommenge, die ausreichen würde, um eine Stadt mit 11.000 Einwohnern zu versorgen. Im Keller und im 84. Stock gibt es Transformatoren. *Lagerräume*

GENUG AUFZÜGE?
Von der Anzahl der Aufzüge hing vieles ab. Hätte man zu wenige eingebaut, hätten die Mieter ihre Büros nicht rasch genug erreichen können. Andererseits verringerte jeder Aufzug die vermietbare Fläche. Schließlich wurden 73 Aufzüge eingebaut.

STAHL GIBT HALT
Zu allererst wurde ein Netz aus Stahlträgern errichtet. Die Träger geben den Betonböden festen Halt, die auf sie gegossen wurden und dort aushärteten. Selbst für damalige Verhältnisse war der Rahmen unnötig schwer – heute würde man nur halb soviel Stahl verwenden.

VORGEHÄNGTE WAND
Das *Empire State Building* ist eine Rahmenkonstruktion, deren äußere Hülle aus einzelnen Wandelementen besteht. Die Wände waren größtenteils anderswo vorgefertigt worden, so daß man sie an Ort und Stelle schnell einsetzen konnte.

LEUCHTFEUER
Auf dem Dach des *Empire State Building* blitzen Leuchtfeuer als Warnung für Flugzeuge. Am 28. Juli 1945 krachte trotzdem ein Flugzeug bei Nebel zwischen dem 78. und 79. Stock ins Gebäude hinein. Ein Schreibmaschinentechniker, der gerade in einem Café saß, war Augenzeuge des Unfalls. Er sagte: „Als es krachte, gab es eine große Explosion, die aus vier oder fünf Stockwerken gleichzeitig zu kommen schien."

Ein voller Erfolg

Das *Empire State Building* in New York City, USA, ist der bekannteste Wolkenkratzer der Welt. Er wurde am 1. Mai 1931 eröffnet und war dann viele Jahre lang auch das höchste Gebäude der Welt. Er war das Werk einer Gruppe von Geschäftsmagnaten mit John Jacob Raskob an der Spitze. Sein Ziel war es, den schönsten Wolkenkratzer zu bauen, aber gleichzeitig wollte er durch die Vermietung des Büroraums im Gebäude – auf einem der begehrtesten Grundstücke der Stadt – viel Geld verdienen.

SCHIMMERNDE AUSSENHÜLLE
Die schimmernden senkrechten Außenflächen sind mit nicht rostenden Stahlblenden verkleidet. Die senkrechten Linien leiten den Blick nach oben und lassen das Gebäude noch höher erscheinen.

ZIEGELWÄNDE INNEN
Als die Außenwände fertig waren, wurden sie innen mit Ziegeln verkleidet. Für das ganze Gebäude brauchte man insgesamt zehn Millionen Stück.

Betonboden

IN REKORDZEIT
Das *Empire State Building* wurde in Rekordzeit gebaut: 3.000 Arbeiter brauchten dazu weniger als 15 Monate. Leider kamen in dieser Zeit aber auch 14 Arbeiter bei Unfällen ums Leben.

ZUM WOHNEN ZU TEUER
Das *Empire State Building* ist ein reines Bürohaus. Als es während der Großen Depression eingeweiht wurde, stand es in den Vereinigten Staaten im Geschäftsleben nicht gerade zum besten. Daher ließ sich anfangs nur ein Viertel der Fläche vermieten. Die New Yorker erfanden daher den Spitznamen „*The Empty State Building*" (empty = leer).

LANGE LEITUNG
Über 600 km Kabel versorgen die Mieter mit Strom und Licht.

DIE EINGANGSHALLE
Gleich hinter dem Haupteingang liegt ein prachtvolles, drei Stockwerke hohes Foyer. An seinen Wänden sind die sieben Weltwunder dargestellt – und auch das *Empire State Building* selbst, das die Besitzer als achtes Weltwunder dazuzählten.

ARBEIT, ARBEIT!
Im *Empire State Building* arbeiten 15.000 Menschen.

DER HAUPTEINGANG
Das *Empire State Building* wurde so gebaut, daß der Haupteingang auf die *Fifth Avenue* hinausgeht, die eleganteste Straße New Yorks.

Parkplatz

Elektrotechnischer Betriebsraum

DAS STAHLSKELETT
Zum Bau der Rahmenkonstruktion wurden 58.000 Tonnen Stahl benötigt. 300 Stahlarbeiter errichteten sie in nur 23 Wochen.

DIE BAUMATERIALIEN
Hätte ein einziger Zug alle Baumaterialien an die Baustelle gebracht, wäre der letzte Waggon noch 90 km entfernt gewesen, als die Lokomotive eintraf.

ALLES SAUBER!
Wenn die Büroangestellten nach Hause gegangen sind, kommen 150 Raumpfleger zum Staubsaugen und Putzen.

DIE KLIMAANLAGE
In einem Wolkenkratzer ohne Heizung und Lüftung arbeiten zu müssen wäre ziemlich ungemütlich. Das *Empire State Building* ist vollklimatisiert. Die Ausrüstung dafür wiegt über 5.000 Tonnen und ist im Keller untergebracht. Von dort wird gekühltes Wasser in alle Etagen gepumpt. Die Raumluft erneuert sich sechsmal pro Stunde.

WOHIN MIT DEM MÜLL?
Die Reinigungskräfte füllen das Abfallpapier in Säcke, die sie dann in Lastenaufzügen in den Keller bringen. Der Abfall wird einen Tag lang aufgehoben, falls jemand versehentlich wichtige Unterlagen fortgeworfen hat und im Abfall nachsehen möchte. Nach 24 Stunden wird der Abfall zu Ballen gepreßt, die fast eine halbe Tonne wiegen, und entfernt.

Zahlen, Zahlen, Zahlen	
Höhe • 448,70 m (mit Fernsehantenne)	
Gewicht • 308.000 Tonnen	
Grundfläche • 7.780 Quadratmeter	
Umbauter Raum • 1,05 Mill. Kubikmeter	
Stockwerke • 102	
Zahl der Treppenstufen • 1.860	

Die Raumfähre

Jahrhundertelang hat der Mensch davon geträumt, ins Weltall zu reisen. 1961 verwirklichte sich dieser Traum mit dem ersten bemannten Raumflug. Aber schon bald wurde der Traum zum Alptraum, denn Raumfahrzeuge waren ungemein teuer. Und nur ein winziger Teil davon kehrte zur Erde zurück, während der Rest draußen im All schwerelos als gefährlicher „Weltraummüll" kreiste. Dieses Problem löste die Raumfähre, denn sie kann wiederholt eingesetzt werden. Die Fähre verläßt die Schwerkraft der Erde, d. h. die Anziehungskraft, die allen Dingen ihr Gewicht verleiht, genau wie jedes andere Raumfahrzeug, huckepack auf einer Rakete. Doch sie kommt wie ein Segelflugzeug zur Erde zurück und kann erneut eingesetzt werden.

Die Raumfähre (*Space Shuttle*)

Der eigentliche Raumgleiter, auch Orbiter genannt, in dem die Besatzung und die Nutzlast untergebracht sind, wirkt beim Start gegen den riesigen Brennstoff-Außentank und die beiden zusätzlichen Festtofftriebwerke geradezu winzig. Knapp zehn Minuten nach dem Start werden diese Teile abgeworfen.

DIE OMS-MOTOREN
Größere Manöver im Weltraum lassen sich mit den sogenannten OMS-Triebwerken ausführen. Das sind Raketentriebwerke, die von der Besatzung der Raumfähre bedient werden.

EIN KLUGES STEUERUNGSSYSTEM
Die Reaktionssteuerungsanlage (im Englischen abgekürzt RCS genannt) nimmt kleinere Kursänderungen der Fähre vor. Die RCS enthält 44 kleine Raketentriebsätze, die bei Kursabweichungen automatisch gezündet werden und auch kompliziertere Manöver ausführen können.

WIE GEHT'S RUNTER?
Ähnlich wie ein Flugzeug besitzt auch die Raumfähre Brems- und Landeklappen, mit denen die Besatzung den Landeanflug steuern kann.

TREIBSTOFF- UND OXIDATIONSMITTEL
Der Treibstoff für die OMS- und RCS-Triebwerke befindet sich in diesen kugelförmigen Tanks. Daneben gibt es noch einen Extratank für das Oxidationsmittel, ohne das der Treibstoff nicht brennen würde.

DIE TRAGFLÄCHEN
Die Flügel der Raumfähre ähneln denen eines gewöhnlichen Flugzeugs. Die Rahmenkonstruktion besteht aus Aluminiumspanten und -rippen.

WUNDERBARE RÄDER
Nähert sich die Fähre dem Landeplatz, drückt der Pilot einen Knopf im Cockpit, um das Fahrwerk, d. h. die Räder, zum Landen auszufahren.

Treibstoffreserve

Tür des Nutzlastraums

STABILE LAGE
Wie das Seitenruder beim Flugzeug hilft die Heckflosse, die Fähre in der Erdatmosphäre auf Kurs zu halten und zu steuern.

DIE ANTRIEBSDÜSEN
In den Düsen verbrennt flüssiger Wasserstoff und Sauerstoff und liefert den für den Start ins Weltall nötigen Schub. Nach dem Start werden die Antriebsaggregate nicht mehr gebraucht.

WO IST DAS BAD?
Wenn Astronauten sich waschen wollen, haben sie es nicht ganz so leicht wie wir. Ohne Schwerkraft fließt das Wasser nicht nach unten, sondern irgendwohin und kann empfindliche Instrumente beschädigen. Zum Händewaschen gibt es eine Vorrichtung, die wie ein Goldfischglas aussieht. Durch die Eingriffslöcher strömt Luft, die den Wasserfluß drinnen steuert. Zum Waschen von Gesicht und Körper verwendet die Besatzung Waschlappen.

DER HITZESCHILD
Beim Wiedereintritt in die Erdatmosphäre bremst die Reibung der Luft die Raumfähre. Zugleich wird sie durch die Reibung aber auch stark erhitzt. Sie ist daher mit einer Schutzschicht aus 24.192 hitzebeständigen Keramikkacheln versehen. Jede Kachel wurde einzeln gefertigt, und keine gleicht der anderen.

DER GREIFARM
Weil es im All keine Schwerkraft gibt, kann ein in solcher Umgebung ziemlich zerbrechlich wirkender Arm Arbeiten ausführen, für die man auf der Erde einen gewaltigen Kran bräuchte. Der ferngesteuerte Arm bewegt sich nach allen Richtungen. Er kann Satelliten und andere Nutzlasten entladen und aussetzen.

MINI-RAKETE
Ein kleiner Raketenmotor bringt den Satelliten auf eine höhere Umlaufbahn, sobald er sich weit genug vom *Shuttle* entfernt hat.

DAS KÜHLSYSTEM
Die Apparaturen an Bord der Fähre erzeugen sehr viel Wärme. Mit einer Kühlvorrichtung, ähnlich wie bei einem Kühlschrank, wird die Wärme an Radiatoren in den Türen des Nutzlastraums und von dort ins All abgegeben.

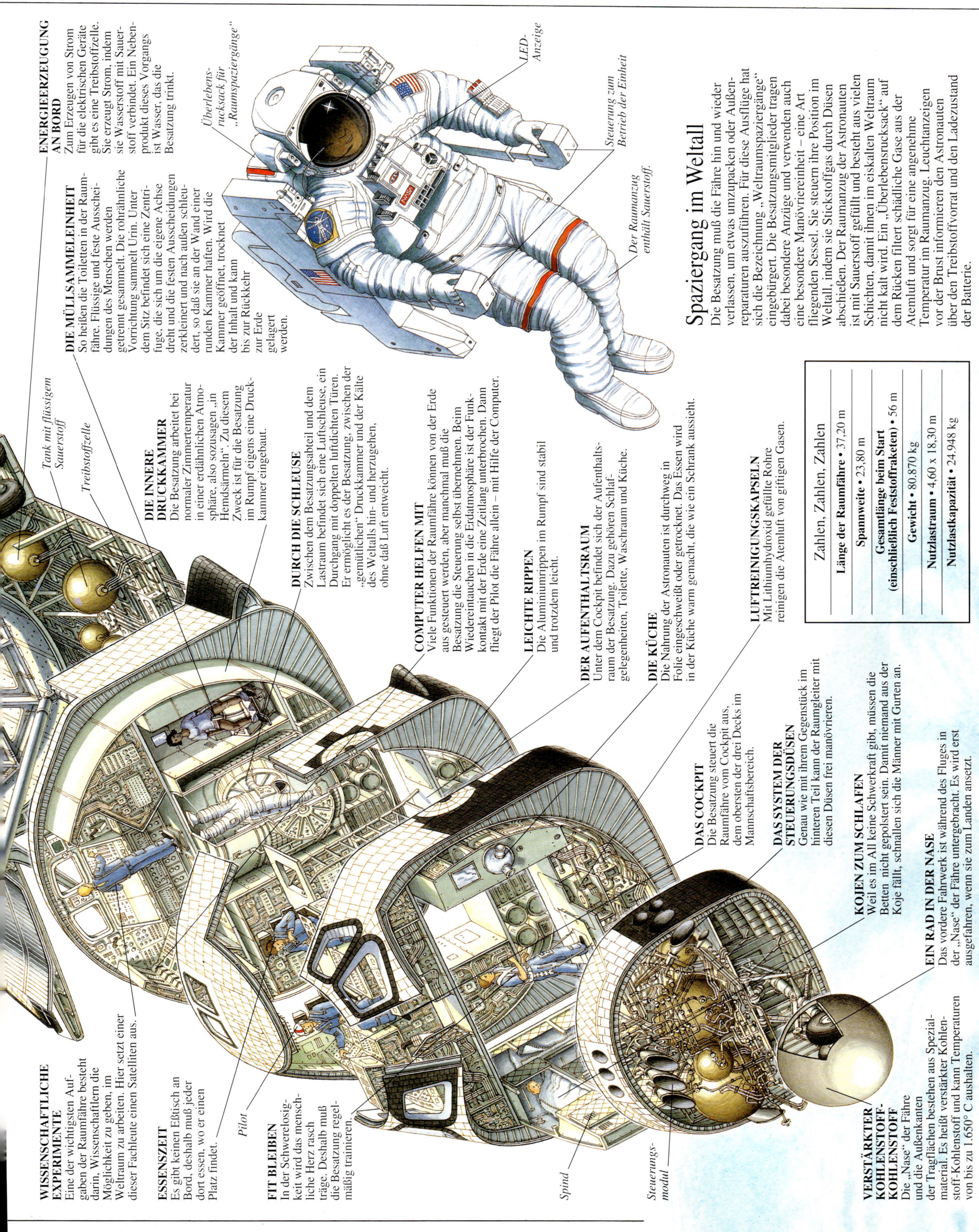

ENERGIEERZEUGUNG AN BORD
Zum Erzeugen von Strom für die elektrischen Geräte gibt es eine Treibstoffzelle. Sie erzeugt Strom, indem sie Wasserstoff mit Sauerstoff verbindet. Ein Nebenprodukt dieses Vorgangs ist Wasser, das die Besatzung trinkt.

Überlebens-rucksack für „Raumspaziergänge"

LED-Anzeige

Steuerung zum Betrieb der Einheit

Der Raumanzug enthält Sauerstoff

Spaziergang im Weltall
Die Besatzung muß die Fähre hin und wieder verlassen, um etwas umzupacken oder Außenreparaturen auszuführen. Für diese Ausflüge hat sich die Bezeichnung „Weltraumspaziergänge" eingebürgert. Die Besatzungsmitglieder tragen dabei besondere Anzüge und verwenden auch eine besondere Manövriereinheit – eine Art fliegenden Sessel. Sie steuern ihre Position im Weltall, indem sie Stickstoffgas durch Düsen abschießen. Der Raumanzug der Astronauten ist mit Sauerstoff gefüllt und besteht aus vielen Schichten, damit ihnen im eiskalten Weltraum nicht kalt wird. Ein „Überlebensrucksack" auf dem Rücken filtert schädliche Gase aus der Atemluft und sorgt für eine angenehme Temperatur im Raumanzug. Leuchtanzeigen vor der Brust informieren den Astronauten über den Treibstoffvorrat und den Ladezustand der Batterie.

DIE MÜLLSAMMELEINHEIT
So heißen die Toiletten in der Raumfähre. Flüssige und feste Ausscheidungen des Menschen werden getrennt gesammelt. Die röhrähnliche Vorrichtung sammelt Urin. Unter dem Sitz befindet sich eine Zentrifuge, die sich um die eigene Achse dreht und die festen Ausscheidungen zerkleinert und nach außen schleudert, so daß sie an der Wand einer runden Kammer haften. Wird die Kammer geöffnet, trocknet der Inhalt und kann bis zur Rückkehr zur Erde gelagert werden.

DIE INNERE DRUCKKAMMER
Die Besatzung arbeitet bei normaler Zimmertemperatur in einer erdähnlichen Atmosphäre, also sozusagen „in Hemdsärmeln". Zu diesem Zweck ist für die Besatzung im Rumpf eigens eine Druckkammer eingebaut.

DURCH DIE SCHLEUSE
Zwischen dem Besatzungsabteil und dem Lastraum befindet sich eine Luftschleuse, ein Durchgang mit doppelten luftdichten Türen. Er ermöglicht es der Besatzung, in die Erdatmosphäre ist der Funk ins Weltall hin- und herzugehen, ohne daß Luft entweicht.

COMPUTER HELFEN MIT
Viele Funktionen der Raumfähre können von der Erde aus gesteuert werden, aber manchmal muß die Besatzung die Steuerung selbst übernehmen. Beim Wiedereintauchen in die Erdatmosphäre ist der Funkkontakt mit der Erde eine Zeitlang unterbrochen. Dann fliegt der Pilot die Fähre allein – mit Hilfe der Computer.

LEICHTE RIPPEN
Die Aluminiumrippen im Rumpf sind stabil und trotzdem leicht.

DER AUFENTHALTSRAUM
Unter dem Cockpit befindet sich der Aufenthaltsraum der Besatzung. Dazu gehören Schlafgelegenheiten, Toilette, Waschraum und Küche.

DIE KÜCHE
Die Nahrung der Astronauten ist durchweg in Folie eingeschweißt oder getrocknet. Das Essen wird in der Küche warm gemacht, die wie ein Schrank aussieht.

LUFTREINIGUNGSKAPSELN
Mit Lithiumhydroxid gefüllte Rohre reinigen die Atemluft von giftigen Gasen.

DAS COCKPIT
Die Besatzung steuert die Raumfähre vom Cockpit aus, dem obersten der drei Decks im Mannschaftsbereich.

DAS SYSTEM DER STEUERUNGSDÜSEN
Genau wie mit ihrem Gegenstück im hinteren Teil kann der Raumgleiter mit diesen Düsen frei manövrieren.

KOJEN ZUM SCHLAFEN
Weil es im All keine Schwerkraft gibt, müssen die Betten nicht gepolstert sein. Damit niemand aus der Koje fällt, schnallen sich die Männer mit Gurten an.

EIN RAD IN DER NASE
Das vordere Fahrwerk ist während des Fluges in der „Nase" der Fähre untergebracht. Es wird erst ausgefahren, wenn sie zum Landen ansetzt.

VERSTÄRKTER KOHLENSTOFF-KOHLENSTOFF
Die „Nase" der Fähre und die Außenkanten der Tragflächen bestehen aus Spezialmaterial. Es heißt verstärkter Kohlenstoff-Kohlenstoff und kann Temperaturen von bis zu 1.650° C aushalten.

WISSENSCHAFTLICHE EXPERIMENTE
Eine der wichtigsten Aufgaben der Raumfähre besteht darin, Wissenschaftlern die Möglichkeit zu geben, im Weltraum zu arbeiten. Hier setzt einer dieser Fachleute einen Satelliten aus.

ESSENSZEIT
Es gibt keinen Eßtisch an Bord, deshalb muß jeder dort essen, wo er einen Platz findet.

FIT BLEIBEN
In der Schwerelosigkeit wird das menschliche Herz rasch träge. Deshalb muß die Besatzung regelmäßig trainieren.

Tank mit flüssigem Sauerstoff

Treibstoffzelle

Pilot

Spind

Steuerungsmodul

Zahlen, Zahlen, Zahlen

Länge der Raumfähre • 37,20 m		
Spannweite • 23,80 m		
Gesamtlänge beim Start (einschließlich Feststoffraketen) • 56 m		
Gewicht • 80.870 kg		
Nutzlastraum • 4,60 x 18,30 m		
Nutzlastkapazität • 24.948 kg		

Index

Danksagung

Verlag und Redaktion bedanken sich bei den nachfolgend aufgeführten Personen und Institutionen:

Janet Abbott
Boeing International
Corporation
BP Exploration UK Ltd.
Lynn Bresler
British Coal Corporation
Cunard Line Ltd.
Robin Kerrod
London Underground Ltd.
Dr. Anne Millard
The Science Museum
Andrew Smith
Martin Taylor
Westland Group plc